dumont taschenbücher

Jutta Ströter-Bender, geboren 1953, arbeitete nach der Promotion über die aktuelle außereuropäische Kunstentwicklung (bei DuMont erschien: »Zeitgenössische Kunst der ›Dritten Welt‹«, Köln 1991); daneben intensive Auseinandersetzung mit spiritueller Malerei, verbunden mit Buchveröffentlichungen, Vortragsreisen und Ausstellungen.

Jutta Ströter-Bender

Die Muttergottes

Das Marienbild in der christlichen Kunst
Symbolik und Spiritualität

DuMont Buchverlag Köln

Titelbild: »Marientod« (Ausschnitt), Teil des Dortmunder Marienaltars, Konrad von Soest, um 1420, Marienkirche, Dortmund
Frontispiz: »Jungfrau der Demut«, Ottaviano Nelli (Melli) Gubbio, Musée du Petit Palais, Avignon

Die Deutsche Bibliothek – CIP-Einheitsaufnahme

Ströter-Bender, Jutta:
Die Muttergottes : das Marienbild in der christlichen Kunst ; Symbolik und Spiritualität / Jutta Ströter-Bender. – Erstveröff.
– Köln : DuMont, 1992
(DuMont-Taschenbücher ; 282)
ISBN 3-7701-2776-5
NE: GT

Erstveröffentlichung

Satz: Fotosatz Froitzheim, Bonn
Druck und buchbinderische Verarbeitung: Boss-Druck, Kleve

Printed in Germany ISBN 3-7701-2776-5

Inhalt

Vorwort

Bilder der Muttergottes, deren Verehrung im katholischen wie im orthodoxen Christentum eine große Rolle spielt, gehören zu unserem kulturellen Erbe. Primär Bestandteil des christlichen Kultus, spiegeln ihre variationsreichen Darstellungsformen vielfältige Entwicklungen und Einflüsse wider. So gingen in die mystische Gestalt der Muttergottes etwa ältere religiöse Vorstellungen und Bilder ein. Aber auch die Intensität der Volksfrömmigkeit, die Visionen von Mystikern, kirchenpolitische Bestimmungen sowie die kulturhistorischen Abläufe prägten in der langen Tradition christlicher Kunst die Darstellungstypen Mariens. Heute aber ist das Bild der Madonna vielen Menschen fremd. Jenseits stiller Beschaulichkeit oder rein kunstwissenschaftlicher Stilanalyse ist der Zugang zur vielschichtigen Symbolik ihrer Darstellungen verlorengegangen. Selbst fromme Marienverehrer wissen kaum mehr um die Bedeutung des ›Marienschleiers‹ oder der ›Marienblume‹. Die Gestalt der Gottesmutter, ihre Gestik, ihr Gewand, ihre Attribute – sie alle sind Aspekte sinnlich transformierter Spiritualität und lassen sich nur in Kenntnis christlich-mystischen Denkens und Empfindens erschließen. Das vorliegende Buch führt ein in die Geschichte und spirituelle Symbolik, in die Vielfalt von Form- und Farbgebung der Marienbilder und entschlüsselt ihre religiöse Bedeutung.

Einleitung

Ein Überblick: Zur Geschichte des Marienbildes

»Von der Gestalt der Jungfrau weiß man nichts«[1], notiert der heilige Kirchenlehrer Augustinus (354–430). Zwölf Jahrhunderte später aber, im 17. Jh., gibt das Malerhandbuch vom Berge Athos den Ikonenmalern genaue Anweisung, wie die Gottesgebärerin (Theotokos) darzustellen sei:

> »Die hochheilige Gottesmutter (ist) im mittleren Alter; andere sagen auch, sie sei drei Ellen (groß), weizenfarbig, gelbhaarig mit gelben Augen, schönen Haaren, großen Brauen, mittlerer Nase; lange Hand, lange Finger; schöne Kleider; demütig, unscheinbar, nicht nachlässig (im Anzuge); liebt natürliche Farben an den Kleidern; es bezeugt dies das Omophorium, das in ihrem Tempel liegt.«[2]

In der Zeit zwischen diesen beiden Aussagen entwickelten sich die bedeutendsten Bildtypen in der Geschichte der Mariendarstellung, die gleichzeitig die unterschiedlichen Phasen ihrer spirituellen Verehrung widerspiegeln.

Im ersten christlichen Jahrtausend

Die frühen Christen übernahmen in den ersten Jahrhunderten das alttestamentarische Bilderverbot, nicht zuletzt, um sich von den ausgeprägten Bilderkulten der älteren Religionen abzugrenzen. Mit einzelnen christlichen Motiven und Symbolen (der Gute Hirte, Fisch, Anker) dekorierte man zwar Katakomben und Grabstellen, bezog sie aber zunächst nicht in den Kult ein. Jedoch schon in der

1 »Salus Populi Romani«, in der Legende dem Apostel Lukas zugeschriebene Hodege
Ikone, 8./9. Jh., S. Maria Maggiore, Rom

Mitte des 3. Jh., noch bevor die Kaiser Galerius und Konstantin I. das Christentum tolerierten, setzten die wachsenden Kirchengemeinden christliche Bilder ein, erst im privaten, dann auch im öffentlich-sakralen Bereich. Im Rahmen dieser Entwicklung wurden ›heidnische‹ Bräuche christianisiert und Götterstatuen von Christusbildern abgelöst. Die Ikonographie der römischen Göttin Minerva und der thronenden ägyptischen Göttin Isis mit dem Horusknaben auf dem Schoß beeinflußten die Darstellung von Maria, des Heilands Mutter, der sich die christliche Volksfrömmigkeit seit Beginn des 2. Jh. mehr und mehr zuwandte. Man räumte ihr in Verehrung und Gebet einen wachsenden Stellenwert ein.

Das Konzil von Ephesos (431) verlieh Christi Mutter offiziell den Rang einer ›jungfräulichen Gottesgebärerin‹ (s. S. 51 ff.) und führte damit eine uralte orientalische Konzeption fort, die aus der Parthogenese der Großen Mutter, ihrer Fähigkeit zur Selbstbefruchtung, auf die Göttlichkeit des Neugeborenen schloß.

Die theologische Bestätigung durch das ephesische Konzil inspirierte eine Flut von Predigten, Hymnen und Gebeten zur Verherrlichung der Gottesmutter. Um 430/440 ließ Kaiserin Pulcheria (414–453) die erste Marienkirche weihen, die Blachernenkirche in Konstantinopel, Hofkirche der kaiserlichen Familie. Im 8. Jh. besaß die byzantinische Hauptstadt bereits über 30 der Muttergottes geweihte Kirchen. Andere Marienkirchen entstanden – schon im 5. Jh. – in Bethlehem, Nazareth und Jerusalem. In Rom wurde 609 das Pantheon, bis dahin Tempel der gesamten römischen Götterwelt, dem Kult der heiligen Mutter übereignet.

Im Zuge dieser Entwicklung gewann auch die bildnerische Darstellung der Maria zunehmend an Bedeutung. Hatte man Heiligenbilder zunächst wegen ihrer »emotionalen, erzieherischen Kraft«[3] geschätzt, begann seit dem 5. Jh. ihre kultische Verehrung. Von Goldglanz umgeben, schimmerten die Bildnisse den Gläubigen aus dem ›Land der Ewigkeit‹ entgegen. Mit Kerzen und Weihrauch, Gesängen und Prozessionen huldigte man ihnen öffentlich, bedachte sie mit Opfergaben. Die Ikonen wurden »gleichsam als Personen erfahren (...), die Besuche empfingen und Besuche machten«[4]. Darstellungen von Christus, Maria und bedeutenden Heiligen wurden als Schutz über Stadttoren angebracht oder bei kriegerischen Auseinandersetzungen den Heeren vorangetragen.

Die Popularität des Bilderkults erfuhr jedoch von Anfang an auch Kritik und radikale Ablehnung. Reminiszenzen an den heidnischen Kult waren gefürchtet, und das alttestamentarische Bilderverbot blieb präsent; immer wieder wurde daher die rein geistige Verehrung Christi und der Heiligen gefordert, bis sich die Auseinandersetzung im 8. und 9. Jh. im byzantinischen Reich schließlich zum Bilderstreit zuspitzte.

Frühe Marienbilder verwiesen stets – zumindest lassen die erhaltenen Arbeiten diesen Schluß zu – auf Christus, verbanden sich mit seinem exemplarischen Leben. Man denke an die *Darstellung im Tempel,* die *Geburt Christi,* die *Anbetung durch die drei Könige* oder auch an die drei *Frauen am Auferstehungsgrab.* Bis ins 4./5. Jh. hinein waren *Maria mit dem Kind* oder die *betende Maria* (s. S. 211 ff.) beliebte Motive auf schlichten Gläsern mit Goldgravierung. Während des 6. Jh. entwickelte sich dann – mit dem wachsenden Bedürfnis nach monumentalen Kultwerken, aber auch privaten Andachtsbildern – das Thema der *thronenden Gottesmutter* mit dem Kind zu einem der verbreitetsten Marienmotive. Man löste es aus der Szene der anbetenden Könige oder Magier (s. S. 80 ff.) heraus. – Auf diesen Darstellungen der Maria als majestätischer Thron Christi umgeben sie Engel und Heilige (s. S. 200 ff.). Als erstes eigenständiges Marienbild dieser Art gilt das seit dem 13. Jh. verlorene Apsismosaik in der Kirche S. Maria Maggiore, Rom, die Papst Sixtus III. (432–440) nach dem Konzil von Ephesos erbauen ließ.

Großen ikonographischen Einfluß übten jene halbfigurigen Mariendarstellungen mit dem Jesuskind aus, die als authentische Bildnisse der Gottesmutter aus der Hand des malenden Evangelisten Lukas galten (Abb. 28; s. S. 86 f.). Der Überlieferung nach erhielt Kaiserin Pulcheria ein Lukas-Bild der Jungfrau geschenkt. Aufgestellt in der berühmten Blachernenkirche neben dem Kaiserpalast, genoß das wundertätige Bild bald höchste Verehrung im Volk und prägte als ›Urbild‹ unzählige bildnerische Nachschöpfungen. Die Lukas-Ikonen, Vorbilder einer transzendenten, innigen Mutter-Kind-Verbindung, inspirierten verschiedene Grundtypen der byzantinischen Malerei, die als ›Bilder aus der Ewigkeit‹ auch die abendländisch-christliche Malkunst prägten:

Als *Hodegetria (Wegführerin;* Abb. 1, 29) zeigt Maria mit dem Sohn auf dem Arm den richtigen Weg; die *Madonna Eleusa*

(Mitleidende) wendet sich liebevoll und zärtlich ihrem Kind zu (Farbabb. 13); die Madonna Glykophilusa *(Süßküssende)* oder *Kardiotissa (Herzende)* liebkost das Jesuskind; und die Madonna *Galaktotrophusa* oder *Maria Lactans (Milchspenderin;* Frontispiz) stillt das Jesuskind.

Da die biblischen Quellen nur bruchstückhaft über das Leben der Mutter Jesu berichten, über die Zeit von Christi Geburt bis zu ihrem Tod weithin schweigen, wurden die sogenannten Apokryphen (vor allem das Protoevangelium des Apostels Jakobus und das Protoevangelium des Pseudo-Matthäus) für die christliche Kunst zu wichtigen Quellen der Inspiration. Aufgrund ihres Legendencharakters von der römischen Kirche nicht offiziell anerkannt, beflügelten sie dennoch die Volksfrömmigkeit und beeinflußten die Entwicklung der religiösen Literatur und Bildwelt in starkem Maße. Ihre Bild- und Symbolsprache sollte die Marienikonographie entscheidend prägen, denn die Apokryphen berichten ausführlich und detailgenau über die Stationen des Marienlebens (s. S. 40ff.).

Die Entwicklung der byzantinischen Kirchenkunst erfuhr im 8. Jh. eine Unterbrechung, als Kaiser Leon III. (reg. 717–741) im Jahr 730 den Ikonoklasmus, den Bilderstreit, durch ein Edikt unterstrich, in dem er den öffentlichen ebenso wie den privaten Bilderkult verbot. Mit den Argumenten, Christus sei als Gott nicht abbildbar und Johannes der Evangelist spreche von einer Zeit, die kommen wird, »da Gott nur im Geist und in der Wahrheit angebetet wird« (Joh 4,23), wurden fast alle religiösen Bildwerke zerstört. Zwar beendete bereits das siebte ökumenische Konzil zu Nikaia (787) die erste Phase des Bilderstreits, doch erst der Kaiserinwitwe Theodora gelang es auf der Synode im Jahre 843, die Ikonodulie, die Bilderverehrung, endgültig in die Lehre der byzantinischen Kirche zu integrieren:

> »Wenn folglich die Bilder Christi und seiner Mutter, der Engel und Heiligen verehrt werden, so richtet sich die Huldigung auf das dargestellte Urbild, nicht auf den Stoff des Abbildes; die Person ist gemeint, nicht die Materie, in der die Person zu Abbild kommt. Den Ikonen gebührt deshalb Verehrung *(Proskynesis)*, jedoch nicht Anbetung *(Latreia)*, die Gott, dem Unabbildbaren, allein zukommt.«[5]

Am ersten Fastensonntag des Jahres wird seitdem der Sieg der Bilderverehrer mit dem Fest der Orthodoxie gefeiert.

Mariendarstellungen im Mittelalter

Die byzantinische Kunst – nach dem Fall von Konstantinopel (1453) dann die griechische und russische Ikonenmalerei – hat über die Jahrhunderte die Tradition der frühen Kultbilder in Form und Inhalt nahezu unverändert bewahrt – Kultbild und Wortverkündigung sind von gleichem Rang (s. S. 25).

Zwar griff die westliche Kirche in ihren Mariendarstellungen ebenfalls auf vorikonoklastische Konzeptionen zurück, entwickelte sie aber im Stil der jeweiligen Epoche weiter, reicherte sie zudem mit regionalen Besonderheiten an. Dies bedeutete nicht, daß man die byzantinischen Interpretationen ablehnte: Byzantinische Künstler arbeiteten etwa in italienischen Städten, wo für die Malerei bis Giotto (1266–1337) die Maniera Greca, der griechische Stil, verbindlich blieb; die Kultbilder zeigten Maria dabei in traditioneller Weise frontal und in statischer Haltung (Abb. 2). Besonders ein vorikonoklastisches Motiv wurde im Abendland zum Ausgangspunkt malerischer und bildhauerischer Entwicklungen: die *thronende Maria,* auf deren Schoß sich das Jesuskind frontal dem Betrachter zuwendet.

Die frühmittelalterliche Kunst der karolingischen und ottonischen Zeit griff in ihren Mariendarstellungen als erste die frühchristlich-spätantiken, streng kultbildhaften Vorbilder auf. Die Skulpturen der *Maria auf dem Thron,* die sich an den Außenfronten der französischen Kathedralen (St. Denis, Chartres, Amiens) des 12. Jh. über den Portalen erheben, wurden als Bildtypus von Pilgern und durchziehenden Steinmetzen in weiten Teilen Europas verbreitet. Auch die Buchmalerei bevorzugte eine hoheitsvolle, strenge Maria mit dem Kind, als Königin auf dem Thron sitzend.

Die Marienbildnisse der Gotik spiegeln die in dieser Epoche wachsende Verehrung Mariens wider. Vor allem im Volksglauben,

2 »Madonna«, Lucchesischer Meister, um 1260, Privatbesitz

3 »Marienkrönung und Verherrlichung«, Enguerrand Quarton (Enguerrand de Charonton), 1453/54, Musée Municipal de l'Hospice, Villeneuve-lez-Avignon

der Maria als ›Himmelsbraut‹ sah, mehr und mehr sogar als Repräsentantin der weiblichen Aspekte Gottes, überstrahlte sie in ihrem Rang alle Heiligen des Himmels (Abb. 3). Um 1400 entwickelte sich in der abendländischen Skulptur und Malerei der Typus der *Schönen Madonna*, die den strengen byzantinischen Stil ablöste (Farbabb. 1; Abb. 56, 60). Der neue, ›weiche‹ Stil besaß höfischen Charakter und stellte das vormals mystische Andachtsbild in idyllische Szenarien. Landschaften und realistisch gemalte Innenräume als Hintergrund veränderten die heiligen Szenen und verdrängten allmählich den Goldgrund. Maria sitzt nun mit dem spielenden Jesuskind im Kreis von Engeln und Heiligen im *Paradiesgärtlein*, dem *Rosenhag*, wobei selbst kleinste Bilddetails allegorische Hinweise geben, die Naturdarstellung Chiffre für Bibelstellen wie auch für spirituelle Bewußtseinsprozesse ist.

In der flämischen, deutschen und französischen Marienmalerei dominierte im ausgehenden 14. und im 15. Jh. das private Andachtsbild; große Marienaltäre waren selten.

Renaissance und Barock

Mit der beginnenden Renaissance wandten sich in Italien die Maler und Bildhauer des 15. und 16. Jh. (Fra Filippo Lippi, Sandro Botticelli, Leonardo da Vinci) wieder den traditionellen Grundformen der Mariendarstellung zu. Die erweiterten Maltechniken der illusionistischen Ölmalerei auf Leinwand ließen die alten Vorbilder stimmungsvoll in Wolken und Landschaften aufleuchten; der ursprünglich übliche Goldgrund fand nahezu keine Verwendung mehr. Die monumentalen Altarbilder der venezianischen Malerei erhoben die Madonna zur Himmelsgestalt, aller bürgerlich-profanen Umgebung entrückt. Um 1512/13 entstand in diesem Stil eines der berühmtesten Marienbilder, »Die Sixtinische Madonna« von Raffael (Abb. 4; s. S. 27). Auf dem Gemälde gibt ein Vorhang den Blick frei auf das ›Paradies‹, wo auf Engelswolken eine lieblich-schöne Maria mit dem Kind schwebt – Vorbild unzähliger Nachschöpfungen in der Neuzeit.

Mit dem Reformationsgeschehen vollzog sich innerhalb der christlichen Welt ein für die weitere Kunstentwicklung entscheidender Bruch. Indem die protestantische Kirche die überreiche, sinnliche Muttergottesverehrung des ausgehenden Mittelalters ablehnte, welche Maria fast den Rang einer Göttin zugestanden hatte, wurden deren Bilder aus den reformierten Kirchen verdrängt. Die katholische Kirche hingegen räumte der Muttergottes nach dem Konzil von Trient (1545–63) einen neuen, hohen Stellenwert in Verehrung und Kunst ein, was sicherlich im Kontext der Gegenreformation zu erklären ist. Ikonographische Neuerungen hat diese katholische Epoche allerdings kaum hervorgebracht.

Das Marienbild der Barockzeit bezog sich eher streng und geschlossen auf einzelne Typen des traditionellen Formenkanons, die nun auch in der ›Neuen‹ Welt, vor allem in den spanischen und portugiesischen Kolonien Amerikas, weite Verbreitung fanden. Zu einem bedeutsamen Motiv auf Altarbildern und Fresken dieser Epoche stieg die *Immaculata (Unbefleckte Empfängnis;* s. S. 45 ff.) auf, deren Vorbild der Italiener Guido Reni (1575–1642) im Jahre 1627 entwickelte: Eine mädchenhafte Mariengestalt schwebt im geöffneten Wolkenhimmel, begleitet von Kinderengeln, über der Mondsichel; in anderen Bildfassungen zertritt sie das Haupt einer Schlange (Symbol des Bösen), die sich um die Weltkugel windet (Farbabb. 6; Abb. 14).

4 »Die Sixtinische Madonna«, Raffael, um 1513, Gemäldegalerie Alte Meister, Staatliche Kunstsammlungen Dresden

5 »Madonna und zwei bayerische Soldaten mit Raupenhelmen«, Votivbild aus dem Ötztal, 1814, Österreichisches Museum für Volkskunde, Wien

Die zahlreichen Orden und Bruderschaften jener Zeit, die sich besonders der Marienverehrung widmeten, ergänzten die Fülle der barocken Mariendarstellungen durch sogenannte ›Legitimationsbilder‹: Maria erscheint dem jeweiligen Ordensgründer oder Stifter und überreicht ein Zeichen ihrer Gnade, beispielsweise den Rosenkranz, das Skapulier oder ihren Gürtel (Abb. 47).

Die Zeit der Aufklärung (Ende des 17.–19. Jh.) verdrängte den Marienkult zwar in den ›Untergrund‹ des regionalen Volksglaubens, dort blieb er aber lebendig, und trat im 19. Jh., durch zahlreiche Marienerscheinungen legitimiert, immer wieder hervor.

Marienbilder des 19. und 20. Jh.

Nach den gesellschaftlichen Umbrüchen im Gefolge der Französischen Revolution, der zunehmenden Industrialisierung und Säkularisierung änderte sich auch die sozio-kulturelle Situation der Künstler, die nun als ›freie‹ Kunstschaffende nicht mehr für kirch-

6 »Maria mit dem Kind und Johannes«, Johann von Schraudolph, 1863, Schloßmuseum Berchtesgaden

liche oder feudale Auftraggeber, sondern für eine überwiegend bürgerliche Klientel arbeiteten. Bis ins ausgehende 19. Jh. empfand das katholische Bürgertum die Werke der Hochrenaissance, insbesondere die Raffaels, als die ›wahren‹ Darstellungen der Muttergottes. In historisierender und technisch altmeisterlicher Ausführung setzte man die Vision einer jugendlich-entrückten Madonna auf den goldenen Altarbildern der neugotischen Kirchen um. Den Ausgangspunkt dieser Entwicklung repräsentieren die religiösen Bildwerke der Nazarener (Johann Friedrich Overbeck, Franz Pforr, Joseph von Führich, Julius Schnorr von Carolsfeld), einer 1809 gegründeten Vereinigung deutscher und österreichischer Künstler, die sich 1810 in Rom niederließen, um eine neue religiöse Kunst in der Tradition des Mittelalters zu schaffen. In diesem Sinne wirkte auch der Spätnazarener Johann von Schraudolph (1808–79), der sich an den Arbeiten Raffaels orientierte (Abb. 4, 6).

7 »Maria Lourdes«, Andachtsbild

Ganz dem Geschmack des 19. Jh. entsprechen auch die Bibelillustrationen von Gustave Doré. Seine am Klassizismus orientierten, um 1865 entstandenen Lithographien inszenieren gewaltige Bibelszenen, die zum Vorbild zahlreicher Gestaltungen der Heiligen Schrift wurden – zugleich spiegeln sie übrigens eindrucksvoll die exotische Ästhetik der Kolonialzeit wider. Maria erinnert in diesen Bildern an eine antike Marmorskulptur, deren Reinheit und Schönheit der elegante Faltenwurf ihres Gewandes noch betont. Daneben verbreiteten sich – in einem bis dahin ungekannten Ausmaß, durch neue Techniken wie den Öldruck ermöglicht – Abbildungen der Muttergottes, geschaffen nach den Angaben verschiedener französischer Visionäre (Visionen in Enghien 1830, La Salette 1848, Lourdes 1858; Abb. 7; s. auch S. 223 ff.). Diese Darstellungen prägten und prägen bis in die Gegenwart die populäre Andachtskultur des katholischen Volksglaubens.

Ende des 19. Jh. entstand in der Benediktinerabtei Beuron an der oberen Donau eine sakrale Kunstrichtung, die Beuroner Kunst, »voller archaischer Einfachheit«[6], klarer und festumrissener Frontalität, Strenge und ferner Erhabenheit. Der Beuroner Kunst gelang es allerdings nicht, ihre Intention, eine Erneuerung der sakralen Kunst in breitem Umfang anzuregen, zu verwirklichen. Vorbildcharakter indes gewann ihr idealisiertes, mädchenhaftes Marienbild (Abb. 8), das in seinen Grundzügen bis heute zahlreiche Darstellungen inspirierte.

Im Rahmen der katholischen Mission entstanden während der Kolonialära außereuropäische Marienbilder, die sich mehr oder weniger den jeweiligen regionalen Kunstformen anzupassen versuchten.

Im westlichen Kulturkreis prägt heute eine subjektive, künstlerische Schau die wenigen noch entstehenden Marienbilder, nicht zuletzt, weil explizit christliche Themenstellungen nur mehr Randbereiche einnehmen. Innerhalb der großen Kirchen hat bisher keine Erneuerung oder zeitgemäße Weiterentwicklung der christlichen Kunst stattgefunden. Man hält an der traditionellen Ikonographie vorangegangener Epochen fest. Obwohl der katholische Marienkult im 20. Jh. bereits großen Aufschwung genommen hat – was sich u. a. an der Dogmatisierung der leiblichen Aufnahme Mariens in den Himmel (1950 durch Papst Pius XII.) zeigte –, steht dem ein Mangel an bedeutenden Marienbildern gegenüber, die über die subjektive Intention des Künstlers hinaus eine kultische Dimension erlangen könnten. Ein Phänomen, das sich vielleicht aus der zunehmenden Entspiritualisierung und Entmythologisierung der Glaubenspraxis erklären läßt. Auch die Marienerscheinungen von Medjugorje (Herzegowina, seit dem 24. Juni 1981 bis heute), die in der katholischen Welt größte Beachtung finden, haben lediglich ein bisher wenig bekanntes Bild, basierend auf der Beschreibung der Visionäre, hervorgebracht. Und auch das wachsende Interesse feministisch-religiös interessierter Gruppen an der Gestalt Mariens seit den 70er Jahren regte zwar eine Fülle von Publikationen an, gab aber keine konkreten künstlerischen Impulse.

Eher unbemerkt von der breiten christlichen Öffentlichkeit blieben die Arbeiten spiritueller und anthroposophischer Künstler, die

8 »Eva und Maria«, P. Willibrord Verkade, 1905, Erzabtei St. Martin Beuron

sich schon in den 20er Jahren dieses Jahrhunderts einer neuen Farbenmystik und religösen Themen zuwandten. Aber auch in diesem Rahmen fand das Thema ›Madonna‹ wenig Beachtung, Ausdruck der allgemeinen Entfremdung von der mystischen Dimension Mariens.

Die spirituelle Dimension von Marienbildern

Bilder von der Mutter Gottes haben stets auch eine spirituelle Dimension, zeigen sie Maria doch oftmals nicht als konkret-historische Gestalt, sondern vor allem in ihrer ›jenseitigen‹ Gestalt als leuchtendes Himmelswesen, etwa bei der Himmelfahrt oder in Visionen der Gläubigen. Bevor die spirituellen Aspekte einzelner Mariendarstellungen eine nähere Untersuchung erfahren, sei im folgenden die mystisch-visionäre Dimension christlicher Kult- und Andachtsbilder erläutert, um dem Leser und Betrachter so einen tieferen Zugang zu den geistigen Ebenen der Marienbildnisse zu ermöglichen.

Bilder als Himmelsfenster

Darstellungen von Christus, Maria und den Heiligen haben immer schon (zumindest außerhalb der evangelischen Kirchen) große Bedeutung besessen. Bereits im 4. Jh. nehmen Bilder während der Liturgiefeier und stiller Andachtsstunden eine zentrale Position im Sakralraum ein. Die sakralen Motive auf Schaubildern, Fresken und Mosaiken repräsentieren nicht nur die Anwesenheit der höchsten geistigen Kräfte im heiligen Kirchenraum, sondern sie sind im rituellen Zusammenwirken von Wort, Gesang, Gestik und Stille von großer Bedeutung für die geistige Erweckung und Führung der Gläubigen. Bereits der Kirchenlehrer Augustinus (354–430) weist den Sakralbildern eine wichtige Rolle bei der Unterrichtung des Glaubens zu. Sie sind für ihn ein Medium der Erziehung, um Menschen, die am äußeren Erscheinungsbild haften, Schritt für Schritt an das dahinter waltende Wirken Gottes heranzuführen. Bis ins ausgehende Mittelalter sind die bemalten Kirchenwände und gewaltigen Schautafeln der Altarbilder die Bilderbibeln der Armen, halten dem schriftunkundigen Kirchenbesucher die elementaren Aussagen christlicher Glaubensinhalte ›vor Augen‹.

Bilder waren kostbar und selten. Man betrachtete sie lange und eindringlich und bewahrte sie im visuellen Gedächtnis. Das Bild im Kirchenraum, Ausdruck eines religiösen Bewußtseins, aber auch konkreter Kirchenpolitik, vermochte, da es von den Gläubigen ein Leben lang rezipiert wurde, deren jeweilige Vorstellung von Jesus, Maria, den Heiligen und von Himmel und Hölle entscheidend zu prägen. Um ›in Betrachtung‹ der Bilder im heiligen Kirchenraum zu kommen, bedurfte es einiger alltäglicher, aber wichtiger ritueller Schritte: das Ankleiden für den Kirchenbesuch, das Fasten vor Gottesdiensten, das Einhalten einer bestimmten Zeit im Tages- oder Wochenablauf, das langsame Betreten des Gotteshauses (von hinten nach vorne), das Bekreuzigen mit Weihwasser (in katholischen Kirchen) und schließlich das Eintauchen und langsame Gewöhnen an das Halbdunkel des Kirchenraums, in dem die Bilder durch das Kerzenlicht, das sie beleuchtete, eine ganz eigene Wirkung entfalteten.

Neben Bildnissen für den öffentlich-kirchlichen Bereich verbreiteten sich im byzantinischen Raum ab dem 4. Jh. verstärkt private Andachtsbilder, welche die Darstellungen der antiken Hausgötter ablösten. Vor ihnen schilderte man nun die alltäglichen Sorgen, für sie zündete man Lichter an – eine Sitte, die sich in der gesamten christlichen Welt durchsetzte.

Die große Verantwortung, die den Künstlern bei der Gestaltung der sakralen Bilder oblag, die Notwendigkeit der theologischen Richtigkeit der Wiedergabe, führte in der Ostkirche zur streng gehüteten Tradition der Ikonenmalerei, die auch theologisch der Bildoffenbarung den gleichen Stellenwert wie dem geoffenbarten Gotteswort verleiht:

> »So tritt die Ikone neben die heilige Schrift und hat wie diese sakramentale, liturgische und erzieherische Bedeutung. (…) Die Ikone enthält und predigt dieselbe Wahrheit wie das Evangelium; sie ist kein Notbehelf, wie es im Abendland die Biblia Pauperum war für jene, die nicht lesen konnten. Die Ikone dient nicht der Religion, sondern sie ist ein Teil von ihr, untrennbar mit ihr verbunden wie das Wort, einer der Wege zur Erkenntnis Gottes. Wie das Wort der Schrift nicht verändert werden darf, so sind auch die Ikonen in ihren tradierten Grundzügen nicht veränderbar. (…) Die Aufstellung von Ikonen verleiht einem Raum liturgische Bedeutung; das gilt insbesondere von der Kirche. Das Kirchengebäude ist durch seine Weihe selbst schon eine Ikone, Abbild des von Gott erschaffenen Kosmos.«[7]

Beschäftigt man sich mit der Tradition der Ikonenmalerei, so gewinnt man auch ein besseres Verständnis der religiösen, mystisch-visionären Bilder des Abendlandes, denn bis zum ausgehenden 13. Jh. besitzen sie eine gemeinsame Geschichte. Zu ihren Anliegen gehört es, Erscheinungen aus dem ›himmlischen Lichtland‹ auf der Bildfläche festzuhalten und durch den Farbauftrag zu ›materialisieren‹. Die sakrale Kunst beruht dabei keineswegs auf subjektiver künstlerischer Intention, sondern vielmehr auf einem Wissen um die innere Gesetzmäßigkeit von Formen, um das Wesen des Sinnbildes. Zu diesen Aspekten der sakralen Malerei, hier im besonderen zur Ikonenmalerei, schreibt der russische Theologe und Naturwissenschaftler Pavel Florenskij (1882–1937) in seinem Werk »Die Ikonostase«:

»Die Ikonenmalerei dagegen ist ein Festhalten himmlischer Bilder, ein Verdichten der wie Rauch um den Thron aufsteigenden lebendigen Wolke von Zeugen auf einem Brett. Die Ikonen markieren diese von Bedeutung durchdrungenen Antlitze, diese übersinnlichen Ideen stofflich und machen die Visionen zugänglich, zugänglich nahezu für alle. (...) Die Ikonen bezeugen durch ihre künstlerische Form unmittelbar und anschaulich die Realität dieser Form: sie sprechen, aber mit Linien und Farben. Es ist dies der mit Farben geschriebene Name Gottes; denn was ist das Bild Gottes, das geistige Licht von einem heiligen Antlitz anderes als der einer heiligen Persönlichkeit eingezeichnete Name Gottes? (...) Aber nicht ihr [Ikonenmaler] habt diese Bilder geschaffen, nicht ihr habt diese lebendigen Ideen unseren erfreuten Augen zur Erscheinung gebracht – sie selbst haben sich unserem Schauen gezeigt; (...) Ich betrachte eine Ikone und sage in mir: ›Siehe – das ist sie Selbst‹ – nicht ihre Abbildung, sondern sie Selbst, die durch die Kunst der Ikonenmalerei, mit ihrer Hilfe zu schauen ist. Wie durch ein Fenster sehe ich die Gottesmutter, die Gottesmutter Selbst, zu ihr Selbst bete ich, von Angesicht zu Angesicht, und keineswegs zu ihrer Abbildung. Ja, in meinem Bewußtsein gibt es eine solche Abbildung nicht: Es gibt ein Brett mit Farben und es gibt die Mutter des Herrn Selbst. Ein Fenster ist ein Fenster, und das Brett der Ikone ist Brett, Farben, Firnis. Aber jenseits des Fensters ist die Gottesmutter Selbst zu schauen; jenseits des Fensters – die Vision der Reinsten Jungfrau. Der Ikonenmaler hat sie mir gezeigt, ja, aber er hat sie nicht geschaffen; er hat den Vorhang geöffnet, (...) daß wir geistig ›vom Bild zum Urbild‹ aufsteigen.«[8]

Das Urbild (die Erstformulierung eines Bildes) ist in der alten christlichen Tradition das geistig geschaute Bild in der Ewigkeit. Damit wird die antike Weltvorstellung fortgesetzt, nach der alle irdischen Dinge im Himmel ihr Urbild haben (Platon). Das Urbild ist aber nicht allein abstrakt und übergeordnet, sondern wird als eine lebendige Realität verstanden, die in jedem Menschen lebt und für jeden persönlich erfahrbar ist. Ist der Künstler Visionär, so mag er das Urbild erschauen und für spätere Generationen festhalten, sonst aber kann er zumindest die geistige Wirklichkeit erahnen und eine Kopie des Urbildes weitergeben.

Visionäre Kunst war auch dem abendländischen Mittelalter selbstverständlich, ob im berühmten Rupertsberger Kodex, der (nach 1141) die mystischen Schauungen »Scivias« der heiligen Hildegard von Bingen (1098–1179) illustrierte (Abb. 32), oder in den geheimnisvollen Bildtafeln des Isenheimer Altars (1512–16) von Mathias Grünewald (Farbabb. 7). Auch »Die Sixtinische Madonna« von Raffael (1483–1520) geht auf eine Vision des Künstlers zurück (Abb. 4, 9).

9 »Traum Raffaels«, Johannes Riepenhausen, 1816

Um zu verhindern, daß jede beliebige persönliche Vision zum allgemeinen Kultbild erhoben werden kann, läßt die Orthodoxe Kirche noch heute ein neues Motiv zunächst von ihren Vertretern geistig überprüfen. So wurde und wird das Werk in ein sakrales System eingefügt und der Verfügungsgewalt der Maler entzogen. Auch die katholische Kirche wachte und wacht – wenn auch weniger streng im Hinblick auf die formale Bildgestaltung – über den lehrgetreuen Inhalt der von ihr in Auftrag gegebenen Bilder. Im Rahmen dieser Kontrolle wurden z.B. einzelne Marienmotive verboten, wenn sie den herrschenden Vorstellungen ihrer Zeit widersprachen.

Bilder in der Kontemplationspraxis

Bilder dienen in der mystisch-visionären Andachtspraxis der geistigen Versenkung. Im mystischen Verständnis beziehen sich konkrete historische Darstellungen aus dem Leben Jesu keineswegs nur auf die Vergangenheit, vielmehr sind sie zeitlose, ›ewige‹ Gleichnisse für den Lebensweg eines jeden einzelnen Menschen und damit auch ›objektive‹ Wahrheiten und Wirklichkeiten. Meister Eckehart (1260–1327/29) sagt in einer seiner Predigten:

> »Die Seele erkennt sich nicht ohne Gleichnis, denn alle Dinge werden in Bildern und Gleichnissen erkannt.«[9]

Versenkt sich der Gläubige – wie es in vielen Religionen praktiziert wird – in ein sakrales Bild, können von diesem inspirierende Kräfte ausgehen, die als ›Vor-Bilder‹ die Wahrnehmung geistiger Inhalte im Seelenerleben strukturieren. So vermögen Bilder unterbewußte wie auch bewußte Fähigkeiten des Betrachters zu beeinflussen, ja ihn zur eigenen geistigen Vision oder wenigstens zu einer Ahnung geistiger Wahrheiten zu führen. In diesem Sinne stellen die Bilder nicht das Ende eines Bewußtseinsprozesses dar, sondern sind gleichsam der Anfang eines Weges zur Erkenntnis der geistigen Wirklichkeit.

Letztlich sind die Kultbilder ›Gefäße göttlicher Wirkungskräfte‹ – ein Medium, um aus der irdischen Zeit herauszutreten, die Ebenen der materiellen Welt zu durchbrechen.

> Sie stehen »für den Übergang aus der Unwissenheit zur Erleuchtung, und das bedeutet in anderen Begriffen: für den Übergang vom ›Tod‹ zum ›Leben‹, vom Bedingten zum Unbedingten.«[10]

Die »Stufen der Seele«[11], die den Weg markieren, werden in der religiösen Praxis als Konzentration (Läuterung), Meditation (Erleuchtung) und Kontemplation (Vereinigung mit dem Göttlichen) bezeichnet.

Die sakralen Bilder sind häufig nicht nur Fenster, durch welche dem Betrachter die abgebildeten Personen dann als Selbst erscheinen (s. S. 26), sondern gar eine Tür, durch welche die himmlischen Gestalten in die sinnliche Welt eintreten. So sieht Theresia von Ávila (Teresa de Jesús) Maria in einer Vision (1572) in der Kirche des Klosters zur Menschwerdung (Ávila) an Stelle eines Bildes der Muttergottes:

> »Im ersten Jahr meines Priorates im Kloster der Menschwerdung sah ich am Vorabend des Festes des hl. Sebastian, während man das ›Salve Regina‹ anstimmte, daß die Mutter Gottes, umgeben von einer großen Engelschar, sich auf dem Betstuhl der Priorin, auf dem ihr Bild stand, niederließ und – wie es mir schien – sich daselbst setzte. Das Bild Mariens schien mir damals unsichtbar, an Stelle des Bildes gewahrte ich Unsere Liebe Frau.«[12]

Die Frage, ob man die Existenz der heiligen Gestalten verstandesmäßig beweisen könne, spielt im Rahmen der kontemplativen Bildrezeption keine Rolle.

> »Denn hier im Bereich des Psychischen«, so der buddhistische Lehrer Lama Govinda († 1985), »ist allein das ›wirklich‹, was als Gestaltung oder als Kraft wirkt. Von diesem Standpunkt aus muß ein Schaubild, ein Symbol oder ein Ritual, das von Tausenden von Gemütern Besitz ergreift und fähig ist, Menschen zu wandeln, als ›wirkende Wirklichkeit‹ betrachtet werden.«[13]

Deshalb kann das Urbild auch immer und immer wieder kopiert werden, ohne seine lebendigen Kräfte oder seine heilige Wirkung zu verlieren, ist doch jedes neu gemalte Bild wiederum ein Träger und Vermittler jener Mysterien, die sich nicht durch äußere Wissensvermittlung, sondern im Prozeß von Gebet und Kontemplation offenbaren.

Im Kontext des mystischen Erlebens gilt der Gestalter eines sakralen Kultbildes nicht als ›Schöpfer‹, sondern als Vermittler zwischen den göttlichen Kräften und ihrer Materialisation auf dem Bildträger (s. S. 26). Die Herausstellung der eigenen Persönlichkeit, wie in der abendländischen Kunst seit der Renaissance üblich, ist dem Akt der religiösen Bildherstellung fremd. So ist auch der Name des Künstlers ohne Bedeutung, denn nicht er, sondern der in ihm wirkende göttliche Geist schafft das Bild. In diesem Bewußtsein begleitet der Maler auch in der abendländischen Kultur (bis in die Barockzeit hinein) seine Arbeit durch Gebet, Andacht und häufigen Gottesdienstbesuch, wird das Malen eines Kultbilds selbst zum ›Gottesdienst‹:

> »Die wirkliche Anstrengung des Willens, d.h. die hundertprozentige Bemühung, die wahre *Arbeit*, ist auch ein Gebet. Wenn es sich um eine intellektuelle Arbeit handelt, so lautet das Gebet: ›Dein Name werde geheiligt.‹ Handelt es sich um eine schöpferische Anstrengung, so lautet das Gebet: ›Dein Reich komme.‹ Ist es eine Arbeit zur Befriedigung der materiellen Lebensbedürfnisse, so lautet das Gebet: ›Unser tägliches Brot gib uns heute‹. Und alle diese Formen des Gebetes in der Sprache der Arbeit haben ihre entsprechenden Segnungen oder Gnaden.«[14]

In diesem heiligen Prozeß ist weder die Person des Malers noch seine Arbeitsweise oder das Umfeld seiner Tätigkeit »zufällig«[15], sondern gilt – wie in der Orthodoxen Kirche der Beruf des Ikonenmalers – als ›Berufung‹, die nicht allein Ausdruck individueller Neigungen sein kann. Sie kommt vielmehr als Wille Gottes aus der geistigen Welt – wird dem Künstler im Traum kundgetan, oder ein kirchlicher Vertreter, der ihm nahesteht, empfängt beim Gebet göttliche Inspiration. Die Ikonenmaler, häufig Mönche, müssen gottesfürchtig leben. Erwerb von Reichtümern oder schneller Geldverdienst sind verpönt, während für die abendländischen Kirchenkünstler seit der Neuzeit durchaus Gegenteiliges dokumentiert ist. So rechtfertigt Papst Urban VIII. beispielsweise im Jahre 1627 das exzentrische Verhalten des Malers Guido Reni (1575–1642), der während seiner Arbeit an einem Altarbild durch

Unzuverlässigkeit, Gewinnsucht und Spielleidenschaft auffiel, mit den berühmten Worten:

> »Malern und Dichtern ist alles erlaubt. Man muß Mitgefühl mit diesen großen Männern haben; denn das Übermaß an Geist, das sie groß macht, treibt sie auch zu solch merkwürdigem Verhalten.«[16]

Reni malte in nur wenigen Stunden ›Jesushäupter‹, denn er benötigte Geld, um seiner Spielleidenschaft frönen zu können – in früheren Zeiten undenkbar, ja ein Sakrileg. Zu seiner Zeit aber war die religiöse Bildherstellung bereits zu einem individuellen, häufig routinierten maltechnischen Akt geworden.

Lediglich die Orthodoxe Kirche bewahrt bis in die Gegenwart die alten Regeln der frühen christlichen Tradition: Man beginnt mit der Segnung und Heiligung des Malmaterials, wobei den Farben häufig Weihwasser oder sogar Reliquien beigemischt werden, damit bereits das Material eine Durchgeistigung erfährt. Ist das Bild fertiggestellt, wird es von einem Priester geweiht – erst dann gilt es als Träger göttlicher Formen und Energien. Schließlich folgt – als bedeutsamste Handlung – die Beschriftung der Ikone, die das Bild zum wahren Abbild des göttlichen Urbildes macht.

Welche Malmaterialien und welche Maltechnik aber sind besonders geeignet, die metaphysische Dimension des Kultbildes zu verdeutlichen?

In den ersten christlichen Jahrhunderten wendete man für Kultbilder vorwiegend die Enkaustik an (griech: Kausis, ›das Brennen‹; Wachs und Farbpigmente werden verschmolzen und heiß mit Pinsel oder erhitztem Bronzespachtel auf den Malgrund aufgetragen), Monumentalbilder schuf man meist als Mosaiken. Nach dem Bildersturm (s. S. 13 f.) setzte sich im byzantinischen Reich dann die Temperamalerei durch. Sie bestimmte die Traditionen in Ost und West, bis gegen Ende des Mittelalters die Ölmalerei die gesamte Malkunst der abendländischen Kultur revolutionierte und unangefochten bis in das 20. Jh. hinein ihre Position behauptete.

Arbeitet man mit Temperafarben, so werden durchscheinende Farbschichten (Lasuren) auf strahlend weißem Untergrund übereinandergesetzt, die Farbfläche also in mehreren Etappen aufgebaut. Diese Technik erlaubt es nur bedingt, spezielle Lichteffekte und räumliche Tiefenwirkung zu erzeugen, so daß sie einer realistischen Darstellungsweise Grenzen setzt.

Die orthodoxe Kirchenkunst zieht die Temperatechnik, in der noch heute die Ikonen gemalt werden, explizit der Ölmalerei vor:

> »Weder die Technik der Ikonenmalerei noch die hierbei verwendeten Materialien können in Hinsicht auf den Kultus zufällig sein. Schon die Stofflichkeit, die Stoffe selbst, die in den unterschiedlichen Kunstgattungen und Kunstarten verwendet werden, sind ja symbolisch, und jeder Stoff hat seine eigene, konkret-metaphysische Charakteristik, durch die er zu diesem oder jenem Sein in Beziehung steht.«[17]

Florenskij charakterisiert in diesem Kontext die Ölfarbe im Gegensatz zur wäßrigen, durchscheinenden und matt auftrocknenden Temperafarbe als zu dicht, fett, irdisch, fleischig, materiell und völlig ungeeignet, die transzendenten Phänomene wiederzugeben. Für ihn ist die Ölfarbe der äußere Träger einer seit der Renaissance veränderten und verweltlichten Geisteshaltung des Westens, durch die keine tiefe Geistigkeit mehr ausgedrückt werden kann. Ein Aspekt, den Rudolf Steiner für die abendländische spirituelle Kunst aufgreift. Auch Steiner postuliert die ›spirituelle Dominanz‹ der Lasurtechnik mit Aquarellfarben, eine Ansicht, die zu einem elementaren Prinzip der anthroposophischen Malerei wurde, einer der wichtigsten spirituellen Kunstströmungen dieses Jahrhunderts.

Die radikale Ablehnung der Ölmalerei erscheint jedoch einseitig, leugnet sie doch die mystischen Elemente, die auch in den Pigmenten der Ölfarben und ihren Bindemitteln enthalten sind. Hier kann nur kurz auf die bedeutende Funktion von heiligem und heilendem Öl, der »vollkommenen Pflanzensubstanz«[18], im christlichen Kultus hingewiesen werden: Man denke an die Sakramente von Firmung, Krankensalbung, letzter Ölung (der Sterbenden) oder an die Bedeutung von heilendem Öl, das aus wundertätigen Gnadenbildern herabtropft.

In der westlichen Sakralkunst der Gegenwart (im kirchlich-institutionellen Kontext) ist, was Malmaterialien und -techniken betrifft, heute ›alles‹ erlaubt. Es werden keine Diskussionen über spirituelle Aspekte des Materials, der Techniken, der Inhalte oder gar der Lebensweise eines Künstlers geführt – Ausdruck der Entmythologisierung im Kirchenraum und der Distanz zu den mystischen Dimensionen der christlichen Tradition.

Wunder- und Gnadenbilder

Gemälde und Skulpturen von Christus, Maria oder Heiligen, vor denen Bittgebete in besonderer, oft wundertätiger Weise Erfüllung finden, werden Gnadenbilder genannt. Ihre Wirkkraft reicht von der individuellen Heilung und der Abwehr dunkler Mächte bis zum Schutz bedrohter Städte in Krieg und Not (s. S. 169 ff.). Dabei ist es ohne Bedeutung, ob es sich um ein künstlerisches Meisterwerk, eher schlichte Arbeiten oder um mehr oder weniger gute Kopien berühmter Gnadenbilder handelt. So gibt etwa das Wallfahrtsbild von Kevelaer, »Maria, Trösterin der Betrübten« (Abb. 10), eine kleine wundertätige Holzstatue in Luxemburg wieder.

Im gesamten Bereich der katholischen Volkskulturen Europas finden wir unzählige lokale und regionale Wallfahrtsstätten mit wundertätigen Gnadenbildern, wobei hier häufig vorchristliche Traditionen weitergeführt werden und der jeweilige spirituelle Aspekt des heiligen Ortes – etwa Gewährung der Mutterschaft – meist ungebrochen der vorchristlichen Bestimmung des Kultortes entspricht. Der ›innere‹, mystische Aspekt eines Kultortes steht meist in enger symbolischer Verbindung zu seiner spezifischen Lage – an einer Wegeskreuzung, auf einem Berggipfel, in einer Höhle, an einer Quelle oder unter einem Baum, also häufig Plätze, die sich auf die Muttergottes und Stationen ihres heiligen Lebens beziehen.

Muttergottesbilder werden an diesen Stätten nicht einfach als Darstellung der heiligen Mutter mit Kind verehrt, sondern stets unter einer besonderen Bezeichnung. Diese bezieht sich entweder auf einen der spirituellen Aspekte Mariens, wie ›Mutter der Gnade‹, ›Trösterin der Betrübten‹, ›Maria vom Guten Rat‹, ›Schmerzhafte Muttergottes‹, oder aber greift den Ortsnamen auf, z. B. ›Muttergottes von Altötting‹, weil an der Stätte bereits früher Gebetserhörungen stattgefunden haben und man ihr Gnadenbild daher mit einer spezifischen Wirkkraft verbunden sieht.

10 »Maria, Trösterin der Betrübten«, das Gnadenbild von Kevelaer, 1642, St. Marien, Kevelaer

Die Bilder oder Skulpturen, die sich an der Wallfahrtsstätte befinden, lassen sich in zwei Kategorien einteilen: Bildnisse, die zur Ausschmückung eines bereits bestehenden Wallfahrtsortes hergestellt und im Laufe der Zeit dann in Verbindung mit seiner wundertätigen Kraft verehrt wurden, oder Bildnisse, die aufgrund ihres geheimnisvollen, wundertätigen Wirkens erst zur Gründung einer Wallfahrtsstätte geführt haben.

Das Gnadenbild der kleinen bayrischen Wallfahrtskapelle zu Unserer Lieben Frau am Wunderbaum (Ering am Inn) etwa zeigt die Muttergottes, wie sie in der Krone eines Lindenbaums erscheint. Eine alte Legende berichtet, daß am heutigen Platz der Kapelle vormals eine Linde stand. Nachdem bei einem Unwetter ein Blitz den Baum getroffen hatte, fand man in seinen Zweigen das besagte Bild und versuchte zunächst, es in der Pfarrkirche des Ortes aufzuhängen. Immer wieder aber kehrte das Bild auf unerklärliche Weise an seinen ursprünglichen Platz zurück. Seine ›Wanderung‹ wertete man schließlich als Zeichen der Muttergottes und errichtete an dieser Stätte eine Kapelle – ein Legendenmotiv, das immer wieder auftaucht.

Die Entdeckung heiliger Bilder in der Erde oder im Moos findet sich ebenfalls in zahlreichen Gründungssagen. Andere Bilder schwammen der Überlieferung nach aufrecht im Strom oder in den Meeresfluten zu den Orten ihrer neuen Bestimmung, so die Figur der heiligen Anna, der Mutter Mariens, von Sainte Anne la Palud in der Bretagne, oder die »Wundertätige Muttergottes von Philotheou«, eine byzantinische Ikone, die während des Bilderstreits im 8. Jh. schwimmend den heiligen Berg Athos erreichte. Auch von plötzlich erscheinenden und schwebenden Marienbildern, beispielsweise während kriegerischer Auseinandersetzungen, wird berichtet.

Die Sprache dieser Gründungslegenden ist voller mythologischer Bezüge und archetypischer Bilder, welche die spirituelle Dimension der Gnadenbilder in Worte fassen. Sie beschreiben die Entdekkung der Bilder – durch einen Blitz (Symbol der Geisterkenntnis oder des ›Himmelsschlüssels‹) oder durch eine Traumvision – in Grenzbereichen der Natur (und ihrer Elemente), die auch Symbole der Verbindung zwischen Diesseits und Jenseits, zwischen Himmel und Erde sind. Die Baumkrone, in deren Ästen das Marienbild ›sitzt‹, erinnert an das alte volkstümliche Motiv des Lebensbaums, dessen Krone die ›umgedrehten‹ Wurzeln, und somit die entscheidende Verbindungsstelle zum Himmel darstellt. In der Sprache der Märchen und Mythen sind der Strom und das Meer Symbole der dahinfließenden irdischen Zeit. Das Auftauchen der himmlischen Bilder aus dem ›Strom der Zeit‹ bedeutet daher die Entdeckung und das ›An-Landen‹ von Ewigkeitswerten und beschreibt einen bedeutenden Prozeß der spirituellen Bewußtwerdung. Auch die Auffindung der Bilder im Element Erde entspricht diesen Aspekten, ist doch die Erde das Bild des materiellen Leibes, in dem ›unvergängliche Bilder‹ als Herzensschätze, als Wahrheiten der Seele und des Geistes, gefunden werden können.

In diesen Legenden erscheinen die Wunderbilder als eigenständige Kräfte, als lebendige Personen und werden ehrfürchtig als Repräsentanten der jeweiligen himmlischen Gestalt verehrt. Mit machtvollen Zeichen wehren sie sich gegen eine profane Annäherung oder auch gegen Beschädigungen, Raub oder Diebstahl, indem sie die Angreifer bestrafen oder zu einem besseren Lebenswandel führen.

Die Marienikone von S. Sisto in Rom, angeblich eine Lukas-Ikone, veranlaßte sogar den Papst, öffentlich Buße zu tun: Er hatte das Marienbild, einziger Besitz einer armen Nonnengemeinschaft, entwenden und in seine Residenz verbringen lassen. Des Nachts aber schwebte es durch das Fenster der Klosterkirche zu seinen wahren Eigentümerinnen zurück.

Bilder, ›nicht von Menschenhand gemacht‹

Während die aus vorchristlicher Zeit stammende Vorstellung vom übernatürlichen Ursprung mancher Bilder in der (römisch-) katholischen Kirche nur noch in Einzelfällen anerkannt ist, erhob die Orthodoxe Kirche die Acheiropoieta, Ikonen, die ›nicht von Menschenhand gemacht‹ sind, in den höchsten Rang der kultischen Verehrung. Eines der berühmtesten Marienbilder, ›nicht von Menschenhand gemacht‹, ist das liebliche »Gnadenbild der Madonna von Guadalupe«, Mexiko. Man interpretiert das Gemälde, das auf dem Mantelüberwurf des visionären Indianers Juan Diego erschien, als Himmelsbeweis Mariens für die Glaubwürdigkeit Diegos, der im Jahre 1531 mehrfach vom Erscheinen der Gottesmutter berichtete.

Bei Anerkennung mystischer Phänomene lassen sich einige dieser ›Himmelsbilder‹ als Werke der medialen Malerei deuten, bei denen der Gestaltungsprozeß über die Umsetzung einer visionären Schau weit hinausgeht. Nach dieser Weltsicht manifestieren sich in den Bildern die Energien geistiger Wesenheiten – etwa Engel oder Heilige – durch die Hände des Malers. Von den Werken des berühmten, heiliggesprochenen Ikonenmalers Alimpi († 1114) sind wundersame Entstehungsgeschichten überliefert, die ausführlich schildern, daß ihm Engel beistanden. In einer der Legendenfassungen wird Alimpi als ›Gefäß Gottes, als Aufenthalt des Heiligen Geistes‹ beschrieben. Als der Maler an seinem Lebensende, krank daniederliegend, ein wichtiges Muttergottesbild nicht mehr fertigstellen kann, erhält er, so die Überlieferung, himmlischen Beistand (Abb. 11):

> Da »kam ein leuchtender Jüngling, der nahm den Farbtopf und begann, an der Ikone zu malen. Alimpi aber glaubte, der Auftraggeber sei zornig auf ihn und hätte einen anderen Maler geschickt, da der Jüngling zwar wie ein Mensch wirkte, aber die Schnelligkeit seiner Arbeit erwies ihn als einen Engel.«[19]

Auch aus dem abendländischen Bereich liegen ähnliche Legenden vor, beispielsweise um den Mönch Tutilo, der sich im 9. Jh. als Goldschmied, Musiker und Maler in Sankt Gallen der besonderen Verehrung der Muttergottes widmete. An seiner Seite soll bei der Arbeit eine »herrliche Frau«[20] gestanden haben, die ihm bei der Ausführung der Bilder half. In einem Gemälde, auf dem die Muttergottes »lebenswahr und sehr schön«[21] dargestellt ist, fand man später die Worte eingraviert: »Dies Weihegeschenk hat Maria voll Güte selbst gefertigt.«[22]

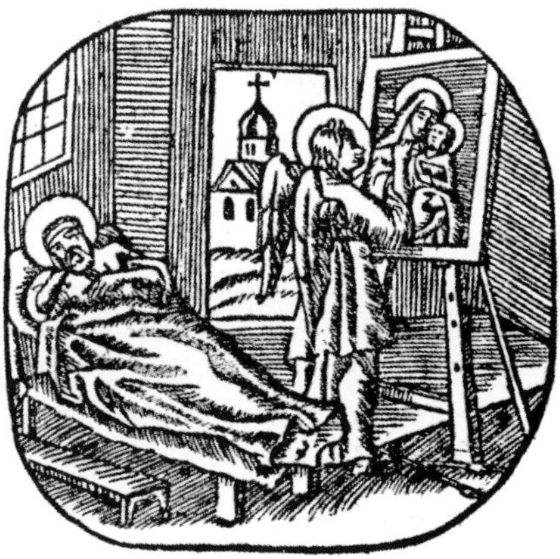

11 »Der heilige Alimpi« (Ausschnitt), 18. Jh., Alimpi liegt krank danieder, und ein Engel malt seine Ikone fertig

In der Zeit der Gegenreformation des 16./17. Jh. begann man in der katholischen Welt zwar verstärkt, Aufzeichnungen und Nachrichten über wundertätige Bilder zu sammeln sowie Legenden über alte ›Bilder, nicht von Menschenhand gemacht‹, Berichte über zu dieser Zeit medial entstandene Kunstwerke aber finden sich kaum.

Die religiösen Umwälzungen, Inquisition und Glaubenskriege, die Entdeckung der ›Neuen‹ Welt und die ersten Anfänge der Industrialisierung hatten die ›innere‹ Sicht der künstlerischen Arbeit in der Öffentlichkeit gebrochen. In den protestantischen Kirchen wurde nun das göttliche Wort durch Hören und Lesen, jedoch nicht mehr im Schauen aufgenommen. Die frühere Einheit von äußerer und innerer Erfahrung wurde von einem rigorosen Dualismus von Geist und Materie, aber auch von Subjekt und Welt zerstört. Damit bereitete sich zugleich die Loslösung von Kunstwerken aus ihrem ursprünglichen Zusammenhang vor, was im 19. Jh. dann zur Präsentation eigentlich sakraler Bilder in den Museen führte, wo sie seitdem dem ›entweihenden‹ Blick des Kunstkenners ausgesetzt sind und statt nach religiösen nach kunsthistorischen Kriterien rezipiert werden.

Mit dem Beginn des 20. Jh. aber häufen sich plötzlich erneut Aufzeichnungen über medial entstandene Bilder religiösen Inhalts, allerdings nicht im kirchlichen Kontext und kaum in bezug auf die Gestalt der Muttergottes.

›Göttliche Magie‹

Was aber sind es für ›Kräfte‹, die von den Gnadenbildern ausgehen und deren wundersame Auswirkungen unzählige Mirakelbücher an Wallfahrtstätten füllen?

Viele Menschen nehmen diese Kräfte wahr, nicht nur auf der seelisch-geistigen Ebene, sondern intensiv physisch. Sie charakterisieren ihre Empfindungen als innere Wärmeströme, die im Körper beim Anblick und vor allem in unmittelbarer Nähe von Gnadenbildern zu fließen beginnen. Ein Phänomen, das in der Literatur zum geistigen Heilen als kosmische Energie oder göttliche Einströmung bezeichnet wird. Die wärmenden Energieströme wirken – je nach

12 »Maria vom Wege«, um 1450, Chiesa del Gesù, Rom

dem spirituellen Aspekt des Bildes – auf die geistigen Zentren des Körpers ein, auf die sogenannten Chakras (Abb. 12; s. S. 210f.), und können dadurch intensive heilende Kräfte entfalten. Ähnliche Phänomene werden auch aus dem Bereich des Reliquienkultes berichtet, was im Mittelalter dazu führte, Reliquien mit Gemälden und Skulpturen zu verbinden, um die wundersame Bildwirkung zu steigern.

In diesem Sinne nennt Anonymus d'Outre-Tombe (1900–73), ein unbekannt gebliebener christlicher Wissenschaftler, in mystischer Interpretation die wundersame Wirkung der Gnadenbilder »geheiligte oder göttliche Magie«[23] – im absoluten Gegensatz zu einer menschlichen, »persönlichen, willkürlichen Magie«[24]:

> Alle Magie »besteht in der Anwendung der Regel, daß das Feine über das Dichte herrscht: die Kraft über die Materie, das Bewußtsein über die Kraft und das Überbewußte oder Göttliche über das Bewußtsein. (...)
>
> Das ist das Ziel der geheiligten Magie [der Bilder]; sie hat kein anderes als die Wiederherstellung der Freiheit, zu sehen, zu hören, zu gehen, zu leben, nach dem Ideal zu streben und wahrhaftig man selbst zu sein (...).
>
> Das Bestreben der geheiligten Magie richtet sich nicht einfach auf bloße Heilung, sondern zielt auf die Wiederherstellung der Freiheit, auch auf Befreiung von den Fesseln des Zweifels, der Furcht, des Hasses, der Apathie und der Verzweiflung.«[25]

Lebensbilder

Die Evangelien geben weder Auskunft über Kindheit und Jugend Mariens noch über ihr Leben nach der Geburt Christi bis zu ihrem Tod. Es sind das Protoevangelium des Jakobus und der Pseudo-Matthäus, die über diese Lebensabschnitte berichten. Das Protoevangelium entstand wahrscheinlich bereits gegen Ende des 1. Jh., also nahezu zeitgleich mit den letzten Schriften des Neuen Testaments. Allerdings galt schon in der Frühkirche die überaus populäre Schrift des Jakobus als umstritten. Während die byzantinische Kirche sie für authentisch hielt und anerkannte, verurteilte die römische Kirche unter Papst Gelasius I. (492–496) das Werk und schloß es aus dem Kanon der heiligen Schriften aus. Die offizielle Ablehnung konnte nicht verhindern, daß sich die Apokryphen in der gesamten christlichen Welt verbreiteten und die tiefgläubige Rezeption der alten Schriften die Mystik und vor allem zahlreiche Mariendarstellungen entscheidend prägte.

Hier spiegelt das Marienleben in seinen schlichten und ergreifenden Szenen die individuellen Phasen des Lebens wider, beschreibt für die Gläubigen die Schicksalssituationen – besonders an den Tagen der Marienfeste – von Geburt, Kindheit und Jugend, Hochzeit und Ehe, Familienleben, Tod und Hinübergang in die himmlische Welt, die das christliche ›Vor-Bild‹ Maria durchschreitet und bewältigt. Die Szenen des Marienlebens zeigen Männern wie Frauen die elementaren Beziehungsmuster ihrer eigenen Biographie und bieten aus unterschiedlichen Perspektiven Bewältigungsstrategien im Sinne der christlichen Nachfolge an: Ehe (Anna/Joachim, Maria/Josef); Familienleben (Maria/Josef/Jesus); Eltern-Kind-Beziehungen: Mutter/Sohn (Maria/Jesus), Mutter/Tochter (Anna/Maria); Verhältnis wie Geschwister (Jesus/Johannes der Täufer); Verwandtschaft und Freundschaft (Maria/Elisabeth, die Mutter von Johannes dem Täufer; Maria/die Apostel).

Aber nicht nur für das persönliche seelische Erleben, sondern auch im spirituell-christlichen Entwicklungsweg ist die Begegnung und Auseinandersetzung mit der Muttergottes von elementarer Bedeutung.

> Anonymus d'Outre-Tombe vertritt die These, daß jeder »der wahrhaft die echte geistige Wirklichkeit sucht, früher oder später der Heiligen Jungfrau begegnet. (...) Man begegnet der Heiligen Jungfrau unausweichlich, wenn man eine bestimmte Intensität des geistigen Strebens erreicht, und wenn dieses Streben echt und rein ist. Allein die Tatsache, daß Sie eine geistige Sphäre erreicht haben, was einen gewissen Grad an Intensität und Reinheit der Absicht mit sich bringt, versetzt Sie in die Gegenwart der Heiligen Jungfrau. Diese Begegnung gehört zu einer bestimmten Sphäre der geistigen Erfahrung – d.h. zu einem gewissen Grad der Intensität und Reinheit des geistigen Strebens – ganz wie die Erfahrung, eine Mutter zu haben, natürlicherweise zur Sphäre des menschlichen Familienlebens auf der Erde gehört. Der Unterschied dabei ist, daß man zwar seine irdische Mutter verlieren kann, niemals aber eine himmlische Mutter.«[26]

In diesem Sinne werden in der christlichen Kunst die einzelnen Lebensstationen Mariens zu bedeutenden Etappen spiritueller Bewußtseinsprozesse, die wegweisend sind auf dem Weg zu Jesus Christus.

Jungfrau Maria

Begegnung an der Goldenen Pforte
(Festtag: 26. Juli)

Die Apokryphen bezeichnen Maria als die Tochter von Anna und Joachim, einem wohlhabenden, sehr frommen Ehepaar aus dem Stamme David. Obwohl sie gottesfürchtig leben, bleibt ihre Ehe kinderlos. In den Augen der Umwelt ist dies eine Strafe des Herrn, und man schließt Joachim vom jährlichen Tempeldienst in Jerusalem aus. Joachim zieht sich daraufhin in die Wüste zurück, um dort

Gott 40 Tage lang durch Fasten und Beten um einen Nachkommen anzuflehen, seine Frau Anna betet zu Hause. Schließlich verkündet ein Engel die Ankunft eines Kindes, »das auf der ganzen Welt gepriesen wird«[27]. Joachim kehrt nun aus der Wüste zurück und umarmt seine ihm entgegenziehende Frau (Abb. 13); eine Szene, die als die *Begegnung an der Goldenen Pforte* oder auch als *Empfängnis der heiligen Anna* die christliche Kunst des Mittelalters bis in die frühe Barockzeit hinein zu bedeutenden Gemälden inspirierte. Dann verbot das Tridentinische Konzil (1545–63), welches das christliche Bildprogramm der Gegenreformation formulierte, dieses Motiv, während es in der orthodoxen Tradition bewahrt blieb.

Die verschiedenen Legendenfassungen ordnen die Goldene Pforte dem Bezirk des Jerusalemer Tempels zu, demnach fand die Empfängnis Mariens in der heiligsten Stätte des Volkes Israel statt. Jerusalem bedeutet im Hebräischen »das Erscheinen (Gottes) ist dort vollkommen«[28] – dort wohnt Gott. Als Ort der Begegnung und Umarmung von Anna und Joachim bildet die Goldene Pforte in der christlichen Kunst den symbolischen Rahmen, um die körperliche Liebe zwischen Mann und Frau und die Empfängnis eines Kindes darzustellen.

Tempel und Pforte stehen dabei als Chiffren für einen Zustand im geistigen Erleben von Anna und Joachim: durch ihr Gebet und ihre Liebe zueinander befinden sie sich ›in Gott‹. Das Bild des Tempels gibt zugleich einen biblischen Hinweis auf Christus, in dessen Leib sich der neue Tempel des Himmlischen Jerusalem vorbilden wird (Joh 2, 19 und 21).

Eine russische Ikone (Farbabb. 2) vom Ende des 16. Jh. zeigt die Umarmung der Eltern Mariens in spiritueller Überhöhung. Vor dem Abbild des Tempels, hier ein Ausdruck des Himmlischen Jerusalem und damit der ewigen Gegenwart Gottes, erscheinen im Vordergrund die zentralen Gestalten von Anna und Joachim. Über ihnen ist der rote ›Eheschleier‹ ausgebreitet, zugleich altes Zeichen göttlicher Nähe. Zärtlich umfängt Joachim seine Gemahlin. Ihre

13 »Joachim und Anna an der Goldenen Pforte«, Meister des Marienlebens, 1460–65, Alte Pinakothek, Bayerische Staatsgemäldesammlungen, München

Heiligenscheine, Sinnbilder ihres von Gott inspirierten Zustandes, gehen ineinander über. Die grünen Untergewänder des Paares symbolisieren die lebendigen Wachstumskräfte, die in ihnen wirksam werden. Der linke Fuß Joachims ruht leicht auf einem Fuß seiner Frau, zartes Symbol ihrer körperlichen Vereinigung. Annas Füße sind wie kleine rote Flammenzungen gemalt. Das Rot weist auf die Heiligkeit und die himmlische Natur der Mutter Mariens hin – Rot charakterisierte schon in der Antike und noch in der Frühzeit des Christentums Herrscherwürde und übernatürliche Macht. In der Komposition dieses Bildes verschmelzen die Eheleute fast zu einer Gestalt, zu einem Menschen – in den frommen Betrachtungen und Visionen bedeutender Mystiker erscheinen sie so als Vorbild des ›vollkommenen‹ Ehepaares und Vorahnung der Engelsehen im Himmel, von denen der Mystiker Emanuel Swedenborg (1688–1772) ausführliche Beschreibungen hinterlassen hat.

Das Bild der Goldenen Pforte bezieht sich in seiner elementaren archetypischen Symbolik nicht nur auf den physischen Prozeß der sexuellen Begegnung, sondern schildert mit der Empfängnis Mariens auch die Öffnung der Grenzen zwischen himmlischer und irdischer Welt. Viele Märchen benutzen die Metapher des goldenen Himmelstores, das von einem Menschen auf dem Weg aus dem irdischen in den jenseitigen Bereich und zurück durchschritten wird, um den Prozeß der Läuterung und Geist-Verwandlung zu beschreiben. Bekanntes Beispiel ist die Gestalt der Goldmarie im Märchen von Frau Holle. Im Kontext der Legende um die Empfängnis Mariens symbolisiert die Goldene Pforte, daß die Liebe den Himmel öffnen darf, so daß sich eine Seele auf den Weg in die menschliche Inkarnation begeben kann. In mystischer Schau ist dieses Geschehen, wie der Moment der Empfängnis eines Kindes, heilig. Manche Bilder der Goldenen Pforte zeigen übrigens, wie sich die Seele Mariens als kleine, nackte Gestalt inkarniert, die auf einer Lichtbahn – ausgesandt von Gottvater – ihren Eltern zustrebt.

Friedrich Weinreb (1910–88), der zeitgenössische Interpret kabbalistischer und rabbinistischer Tradition, schreibt zur Empfängnis Mariens:

»Da sagt Gott: Du bist meine weibliche Seite, ich nenne dich jetzt Channa (im Hebräischen das weibliche Wort für Gnade), Anna (...)

So kommt der Name der Frau, der Mutter Anna zustande (...), der vom Gefühl ›Gnade‹ erzählt.

Gott der Vater erkennt jetzt seine weibliche Seite, die Gnade, und weiß, daß sie in die Welt, die er zu schaffen vorhat, hinabsteigen muß. Es ist die Welt, die er aus dem Sein, aus dem Sohn schöpft und baut. Und so gibt er ihr eine Eigenschaft der Gnade: den Mutterschoß, Gebärmutter, ›rechem‹, das gleiche Wort wie Barmherzigkeit, ›rachem‹. Damit kann sie der Welt etwas bringen, das alles Unrecht zu tragen, alle Katastrophen zu überdauern vermag, denn das Gesetz der Anziehungskraft der Welt ist sehr stark. Dadurch entfernen sich die Menschen von Gott, hören auf vielerlei Stimmen der Welt, haben viele Götzen.

Maria, die Tochter von Anna, wird alles tragen, denn hebräisch ›marjam‹, ›mirjam‹ bedeutet ›das Bittere der Zeit tragen‹. Maria nimmt das Bittere auf sich, das die Zeit der Liebe entgegensetzt, hervorbringen wird. Maria trägt es, und so wird Jesus geboren, von dem man weiß: Bitter wird es sein. (...) Trotz allem, was kommen kann, was kommen wird: die Gnade, die Liebe siegt. Liebe trägt alles, ist Fundament von allem.«[29]

Immaculata (Unbefleckte Empfängnis) und Sophia (Festtag: 8. Dezember)

Gegen Ende das 16. Jh. entwickelte sich aus dem Bildelement der sich inkarnierenden kleinen Seele Mariens der Bildtypus der *Immaculata*. Die *Unbefleckte Empfängnis* wurde zu einem der zentralen Kultmotive der Barockzeit. Diese Darstellungsweise zeigt die schwebende Gestalt Mariens, auf der Mondsichel (oder auf der von der teuflischen Schlange umwundenen Erdkugel) stehend, als kosmische Jungfrau, jugendlich-verklärt und von Engeln umrahmt, *vor* ihrem irdischen Lebensweg. Das Kompositionsschema ist dem der Himmelfahrt Mariens (Farbabb. 8; s. S. 137 ff.) entlehnt, einem Bildtypus, der im 16. Jh. populär geworden war; aber auch die mittelalterlichen Darstellungen der Apokalyptischen Frau auf der Mondsichel gehören zu den ikonographischen Wurzeln. Ein Ölgemälde (Abb. 14) des Italieners Guido Reni (1575–1642), das er 1627 für die spanische Infantin Maria schuf, wurde zum bedeutendsten Grundtypus der Immaculata und beeinflußte viele nachfolgende Künstler.

Einen wichtigen Impuls erhielt die Darstellung Mariens als Unbefleckte Empfängnis, als sich in der kirchlichen Lehrmeinung des 14./15. Jh. die These immer stärker durchsetzte, Maria sei, als Anna sie empfing, von jeglicher Erbsünde befreit gewesen. Schon 1546, während des Konzils von Trient, fand diese Ansicht weitere Bestätigung, 1661 erklärte Papst Alexander VII. die Immaculata-Lehre zur allgemeinen katholischen Überzeugung, und 1854 wurde diese von Papst Pius IX. zum Dogma erhoben.

Die leidenschaftlichen Diskussionen und Beiträge zu diesem umstrittenen Thema können hier nicht im einzelnen wiedergegeben werden. Interessant ist jedoch in diesem Zusammenhang die große Popularität und spirituelle Rezeption der Immaculata in der Neuzeit (bis zur Gegenwart), die sich nicht allein aus den kirchenpolitischen Bildstrategien der Gegenreformation erklären läßt. Das Thema der Immaculata reflektiert in mystischer Schau und in absoluter Erhöhung die vorgeburtliche Seelenentwicklung – im Gegensatz zur sonst üblichen christlichen Orientierung auf das Ende des irdischen Lebensweges, auf Tod, Transformation der Seele und Auferstehung im Himmel.

Die immer wieder (allein als sexuelle Unberührtheit) mißverstandene und fehlgedeutete ›Unbeflecktheit‹ Mariens von jeder Erbsünde entspricht dem auch in anderen Religionen (Buddhismus, Hinduismus) bekannten Aspekt des Freiseins erleuchteter Seelen von den Verstrickungen und schuldhaften Belastungen des irdischen Lebens, die nach den asiatischen Religionen in den zwanghaften Kreislauf der Wiedergeburten münden. Die Lehren von den Wiedergeburten und vom Karma weisen immer wieder darauf hin, daß die Fehler und Sünden, die man in einem Erdenleben begeht, im folgenden Leben in anderen Schicksalsumständen gesühnt werden müssen. Erinnert dies im biblischen Kontext nicht an die ›Sünden der Väter‹, die von den folgenden Generationen getragen und gebüßt werden? Im Christentum ist zwar seit dem 6. Jh. die Lehre von den wiederholten Erdenleben offiziell verboten, aber das biblische Gedankengut über die Erbsünde des Menschen, welcher

14 »Immaculata«, Guido Reni, 1627, Victor Wilbour Memorial Fund (1959), The Metropolitan Museum of Art, New York ▷

der Reinigung durch die Taufe bedarf, hat in den esoterischen Schulen des Christentums auch die Diskussionen über die Reinkarnation immer wieder aufleben lassen.

Die Interpretation Mariens als Immaculata, wie sie die gewaltigen Altäre der Barockzeit zeigen, weist allerdings weniger auf die Reinkarnationsthematik hin als vielmehr auf die mystische Erscheinung der Sophia, der Weisheit Gottes.

Die Sophia hat in der spätjüdischen Mystik als Göttliche Weisheit den Rang einer personifizierten weiblich-göttlichen Gestalt eingenommen und gilt als die Gemahlin Gottes. In ihren Selbstoffenbarungen, den Weisheitsbüchern der Bibel, sagt die Sophia von sich:

> »Der Herr hat mich geschaffen im Anfang seiner Wege, / vor seinen Werken in der Urzeit; / in frühester Zeit wurde ich gebildet, / am Anfang, beim Ursprung der Erde.« (Sprichw 8, 22f.)

> »Sie [die Weisheit] ist ein Hauch der Kraft Gottes,/ und reiner Ausfluß der Herrlichkeit des Allherrschers;/ darum fällt kein Schatten auf sie./ Sie ist der Widerschein des ewigen Lichts,/ der ungetrübte Spiegel von Gottes Kraft,/ das Bild seiner Vollkommenheit./ Sie ist nur eine und vermag doch alles;/ ohne sich zu ändern, erneuert sie alles./ Von Geschlecht zu Geschlecht tritt sie in die heiligen Seelen ein,/ und schafft Freunde Gottes und Propheten; (...)/ Sie ist schöner als die Sonne,/ und übertrifft jedes Sternbild./ Sie ist strahlender als das Licht;/ denn diesem folgt die Nacht, doch über die Weisheit siegt keine Schlechtigkeit.« (Weish 7, 25–30)

Die Sophiologie ist älter als die Mariologie, obwohl beide auf die ersten Jahrhunderte des Christentums zurückgehen. Während die Verehrung der Sophia nach der Kirchenspaltung (1054) in der Orthodoxen Kirche beibehalten wurde und sich mit einer Theologie Mariens verband, welche die Muttergottes als Inkarnation der Sophia verehrt, geriet diese Tradition im nicht-orthodoxen Christentum weitgehend in Vergessenheit. Sie lebte lediglich im ›mystischen Untergrund‹ fort, der allerdings das Wissen um die tiefgründigen Verbindungen zwischen den Gestalten Sophiens und Mariens bewahrte und so Quelle der künstlerischen und literarischen Inspiration blieb. Ohne Berücksichtigung der mystischen Gestalt der

Sophia-Maria läßt sich weder die ikonographische Konzeption der Immaculata noch ihre spirituelle Bedeutung verstehen. Pavel Florenskij fragt:

> »Wer ist sie [Sophia] dann, wenn nicht die wahre Ganzheit der Menschheit, die höhere und volle Form und die lebendige Seele der Welt. (...) Die menschliche Erscheinung dieser Sophia ist Maria. Maria ist die menschgewordene Sophia. (...) Die Sophia ist die Erstgeschaffene und auch Ersterlöste, die Mitte und das Herz der Kreatur. Sie ist Schutzengel der ganzen Schöpfung. (...) Die Heiligen verehrten *in der Gottesmutter Maria die Trägerin der Sophia,* sichtbare Erscheinung der Sophia selber auf Erden.«[30]

Zahlreiche christliche Mystiker beschäftigen sich mit dem Thema Maria – Sophia: Für die Neuzeit war es der evangelische Mystiker Jakob Böhme (1575–1637), der eine westliche Sophiologie neu formulierte. Zu der Zeit, als die Immaculata-Darstellungen in katholischen Kirchen Einzug hielten, schrieb Böhme über die Inkarnation der heiligen Weisheit in der Jungfrau Maria:

> »Ehe Himmel und Erde geschaffen worden, war sie eine Jungfrau, und dazu ganz rein ohn einigen Mackel. Und diesselbe reine züchtige Jungfrau Gottes hat sich in Mariam eingelassen in Ihrer Menschwerdung, und ist Ihr neuer Mensch im heiligen Element Gottes gewesen: darum ist sie die Gebenedeyte unter allen Weibern, und der Herr ist mit Ihr gewesen, wie der Engel sagt.«[31]

Warum aber wird die Immaculata in der Personifikation der Sophia als junges Mädchen, nicht als Kind oder erwachsene Frau dargestellt?

Nach Erich Neumann repräsentiert die Symbolik des Mütterlich-Weiblichen, wie sie in den verschiedenen Bildern der Muttergottes erscheint, den Ursprung und die Zukunft, Anfang und Ende im menschlichen Seelenerleben. Das Bild der jugendlich-schönen Tochter beschreibt die Seele, die sich ›als Blüte‹ gestalthaft in diesem Zyklus von Werden und Vergehen herausbildet. Die Tochtersymbolik verweist auf etwas Neues, Zukünftiges, auf Inhalte und Entwicklungsbereiche im christlichen Leben des einzelnen wie der Gemeinschaft, die noch wachsen und reifen können. Auch die aus der Bildwelt der antiken Muttergöttinnen stammende Mondsichel, von welcher die Immaculata ›wie von einem Schiff‹ getragen wird, entspricht dem Bild der ›wachsenden‹ Zeit, die immer mehr ›leuchten‹ wird.

Auf der Mondsichel stehend, das Haupt von einem Sternenkranz umgeben, die Gestalt in das rötlich-goldene Licht der aufgehenden Sonne getaucht, so verbinden sich in dem bedeutenden Gemälde von Reni die Attribute der Immaculata mit jenen der Sophia:

> »In Mond, Sonne, Sternen spiegelt sich das reine Denken, Fühlen und Wollen, Seele, Geist und Körper des Menschen. Mond, Sonne und Sterne sind aber auch Bild der Dreifaltigkeit von Geist, Sohn und Vatergott. Die von Mond, Sonne und Sternen umstrahlte Sophia ist also zugleich Bild des gesamten Kosmos, Bild des reinen Menschen und Spiegel der göttlichen Dreifaltigkeit. Die Sophia zeigt uns Gott, sich offenbarend in Mensch und Kosmos, und zeigt uns Mensch und Kosmos, geborgen in Gott.«[32]

Die große Verehrung, welche die Immaculata erfuhr, kann auch als Ausdruck der spirituellen Sehnsüchte von Gläubigen in einer Epoche gedeutet werden, in der die Institutionen der patriarchalen Gewalt zwar festgefügt waren, die Kolonisation der äußeren Welt, die wachsende Naturbeherrschung und Zerstörung und die beginnenden wirtschaftlichen Veränderungen das Lebensgefüge der Menschen jedoch gravierend veränderten. In einer irdischen Welt der männlichen Macht wurden die großen Immaculata-Darstellungen über den Altären, im Mittelpunkt des Kultus, zu Projektionsgestalten eines reinen Christentums in strahlender, mädchenhafter Gestalt, das – noch nicht geboren – sich bereit macht, in die Tiefen des menschlichen Lebens herabzusteigen.

In der Gestalt der Immaculata (Abb. 7) erschien auch die Muttergottes in Lourdes (1858) dem Hirtenmädchen Bernadette und antwortete auf die Frage nach ihrer Identität mit dem berühmten Ausspruch:

»Que soy era Immaculada Concepiu«
»Ich bin die Unbefleckte Empfängnis«.[33]

Ewige Jungfrau (Neue Eva)
(Festtag: 26. Oktober)

Die Jungfräulichkeit Mariens, die in den Verkündigungsdarstellungen seit dem hohen Mittelalter immer wieder betont wird, enthält auch Konzeptionen einer christlich-männlichen Leibfeindlichkeit, die hier nicht näher analysiert werden können. Obwohl vielfach problematisiert, setzte sich die Bezeichnung Jungfrau als heiliger Ehrentitel Mariens bei den Gläubigen durch – und auch hier flossen vorchristliche Traditionen ein.

Jungfräulich ist in den bedeutenden asiatischen Kulturen wie in den Religionen der Antike eine Reihe von Göttinnen (in der griechischen Kultur u.a. Athene, Hera, Artemis), wobei ihre Jungfräulichkeit vor allem Ausdruck von Unberührtheit und blühendem Leben ist.

Die Jungfrauensymbolik hat ihre Wurzeln in den alten religiösen Vorstellungen der Menschheitsgeschichte, in einer Zeit, als die Beteiligung des Mannes am Zeugungsakt noch unbekannt war. Die Frau galt als Verkörperung des göttlich-schöpferischen Prinzips, das aus sich heraus neues Leben gebären konnte. In den Astralmythologien des Sternenhimmels im ägyptischen und arabischen Raum nimmt das Bild der Jungfrau eine bedeutende Position ein. Zum Zeitpunkt der Mitternacht in der Wintersonnenwende, wenn die Sonne im Sternbild des Steinbocks ›neu geboren‹ wird, geht das Zeichen der Jungfrau am östlichen Horizont auf. Mit ihren »angstvoll erhobenen Armen«[34] gilt sie als Geburtsgöttin Eileythya, deren Thron auch als Gebärstuhl angesehen wird. Aus dieser ›nächtlichen‹ Anschauung entwickelte sich die astrale Vorstellung von der Jungfrauengeburt.

> »Die Magier im Evangelium sahen einen Stern im Osten aufgehen; daran erkannten sie, daß der Weltheiland geboren sei. Gemeint ist das Sternbild der Jungfrau, d.h. der neuen Jahressonne, in der Winterwende. Das ist der Sinn der ›unbefleckten Empfängnis‹, die himmlische Jungfrau, d.h. das Sternbild der Jungfrau, ist die Mutter des Erlösergottes und bleibt Jungfrau auch als Mutter, die einzige Jungfrau zwischen Himmel und Erde, die dieses Wunder zu tun imstande ist.«[35]

Maria mit dieser astralmythologischen Tradition zu verbinden lag nahe, und selbst im frühen 19. Jh. sah Anna Katharina Emmerich Maria in der Nacht ihrer Geburt als herabgestiegene Sternengestalt aus dem Zeichen der Jungfrau.

Friedrich Weinreb verweist darauf, daß nach dem Lukas-Evangelium die Verkündigung an Maria erfolgt, als Elisabeth, die Mutter von Johannes dem Täufer, im sechsten Monat schwanger ist. Damit wird auf das sechste Zeichen des Sternkreises ›Jungfrau‹ Bezug genommen und zu der Zahl Sechs im allgemeinen, die in den Bildern der Bibel in Zusammenhang mit der Erschaffung der Menschen, ihres Sündenfalls sowie der Kreuzigung Jesu (alles geschah an einem sechsten Tag) genannt wird.

In der Geschichte der christlichen Kunst aber werden in den Verkündigungsszenen Anspielungen auf die astrologischen Entsprechungen weitgehend vermieden, obwohl sie in ihrer spirituellen Dimension durchaus bekannt sind. Sicherlich wollten die Theologen die Empfängnis Mariens klar von allen vorchristlichen Vorstellungen abgrenzen.

Die jungfräuliche Maria wird in der gesamten christlichen Literatur auch als Neue Eva bezeichnet, die anstatt der Neigung zur Sünde nun die Gnade der Erlösung trägt und den Rückweg zum Paradies eröffnet. Zur Unterstreichung dieses Aspekts sind den Verkündigungsbildern mittelalterlicher Kirchen Szenen der Vertreibung aus dem Paradies beigefügt, die den Zustand der ›alten Menschheit‹ verdeutlichen. Die Alte Eva verkörpert in der mystischen Schau das Bild der menschlichen Seele, die sich auf den Glanz der materiellen Erscheinungen eingelassen hat. Dagegen steht der Zustand einer lauteren und reinen ›jungfräulichen Seele‹, die es abgelehnt hat, sich mit der Welt zu ›vermählen‹ und den ›himmlischen Bräutigam‹ vorzieht. Nur in eine solche Seele, so visualisieren die großen Verkündigungstafeln in den sakralen Räumen, kann Christus, das lebendige Wort, eingegossen und lebendig werden (Farbabb. 6).

> »Jungfrau besagt so viel wie ein Mensch, der von allen fremden Bildern ledig ist, so ledig, wie er war, da er noch nicht war. (...) Daß der Mensch Jungfrau ist, das benimmt ihm gar nichts von den Werken, die er je tat; daß alles (aber) läßt ihn magdlich und frei dastehen ohne jede Behinderung an der obersten Wahrheit, so wie

Jesus ledig und frei ist und magdlich in sich selbst. Wie die Meister sagen, daß nur gleich und gleich Grund für die Vereinigung ist, darum muß der Mensch Magd sein, Jungfrau, die den magdlichen Jesus empfangen soll. Nun gebt acht und seht genau zu! Wenn nun der Mensch immerfort Jungfrau wäre, so käme keine Frucht von ihm. Soll er fruchtbar werden, so ist es notwendig, daß er Weib sei. ›Weib‹ ist der edelste Name, den man der Seele zulegen kann, und ist viel edler als ›Jungfrau‹. Daß der Mensch Gott in sich empfängt, das ist gut, und in dieser Empfänglichkeit ist er Jungfrau. Daß aber Gott fruchtbar in ihm werde, das ist besser (...)«[36] (Meister Eckehart)

Anna selbdritt

Im Mittelalter entwickelte sich der Darstellungstypus der *Anna selbdritt* – die heilige Anna mit Maria und dem Jesuskind. Vorbilder für dieses Motiv lassen sich in frühen byzantinischen Werken entdecken. Diese zeigen die heilige Anna – den Bildern der thronenden Maria nachempfunden – als gewaltige Gestalt auf den Thron erhoben, eine etwas kleiner wiedergegebene, aber erwachsene Maria sitzt auf ihrem Schoß und trägt ihrerseits Christus (als Kind oder Erwachsenen). An diesem Kompositionsschema orientiert sich ein Gemälde von Masaccio (Tommaso di Ser Giovanni di Simone Guidi Cassai; 1401–28) und seinem Schüler Masalino (Tommaso di Cristoforo Fini; 1383–vor 1447), 1425 entstanden, in dem Engel die Anna selbdritt enthüllen (Abb. 15).

Auf dem Höhepunkt der Anna-Verehrung (um 1500) wurde die Anna selbdritt zu einem der beliebtesten Motive, und man stellte sie auf verschiedene Weise dar: mal stehen alle Gestalten, oder Anna trägt Maria und Jesus als Kinder auf dem Arm, Maria sitzt zu Füßen Annas und hält das Jesuskind auf dem Arm, oder Jesus spielt neben den beiden Frauen etc.

Im 17. und 18. Jh. verlagerte sich die Darstellungsweise des auf den Altären und Andachtstafeln oft monumental behandelten Themas in die zeitgenössische Ebene eines bürgerlichen Alltagslebens, bevor es im 19. Jh. nur mehr vereinzelt auftrat.

AVE
DOMINVS
EDICTA TV

Betrachtet man mittelalterliche Darstellungen der Anna selbdritt, so erinnern sie in ihrer Komposition an Bilder der Heiligen Dreifaltigkeit, die mit Gottvater, Sohn und Heiligem Geist ein Universum männlich interpretierter Spiritualität personifiziert. Vielleicht darf man die Anna selbdritt als das weibliche Gegenstück verstehen. Ein weniger abstraktes und leicht verständliches Bild von Mutter, Tochter und Enkel, das gerade in einer Zeit an Popularität gewann (Ende des 14. Jh.), als sich der Machtanspruch des Papsttums und der klerikalen Hierarchie immer deutlicher äußerte. Große Altartafeln zeigten sogar Gottvater in der Robe des Papstes.

Unabhängig von diesen Interpretationen diente die Anna selbdritt aber in der kontemplativen Praxis zur Visualisierung der inneren Etappen des spirituellen Entwicklungsweges von Körper (Mutter Anna), Seele (Maria) und Geist (Christus). Darüber hinaus empfand man sie auch als Sinnbild der dreigeteilten Zeit, welche die Zyklen des irdischen Lebensweges einfaßt: die Vergangenheit oder das Gewordene (Mutter Anna), die Gegenwart oder das Werdende (Jungfrau Maria), und die Zukunft, der Tod und die Auferstehung (Jesus Christus).

Als Gleichnis des eigenen Lebens enthält das Bildnis der Anna selbdritt in der persönlichen mystischen Schau somit auch Momente der individuellen Aussöhnung mit der Vergangenheit (und Muttergestalt), die hier in positiver Deutung als Hervorbringende eines Erlösungsprozesses dargestellt wird.

Die Tochtergestalt der Maria als die ›Gegenwart‹ wird in dieser Symbolik zum Bild des ›gegenwärtigen‹ Christen, in dessen erleuchteter Seele das göttliche Licht – das Jesuskind, die Zukunft – heranwächst (s. S. 74 f.). Girolamo dai Libri verbindet in einem seiner Gemälde (Verona, 1518) die Anna selbdritt mit dem Symbol des Lebensbaums, dessen Stamm gleichsam durch Anna und Maria gebildet wird, die wiederum eine ›Mutterhülle‹ um die heilige Mitte, das aufrechtstehende, segnende Jesuskind, formen. Auch diese Anordnung hat ihr Vorbild in byzantinischen Werken früherer Zeit.

15 »Anna selbdritt«, Masaccio, 15. Jh., Galleria degli Uffizi (Uffizien), Florenz

Geburt und Kindheit

Mariä Geburt
(Festtage: Mariä Geburt 8. September, Mariä Namen 12. September)

Die Geburt Mariens nimmt in den großen Bildfolgen der Marienlegenden des abendländischen Mittelalters (bis zu 16 Szenen) einen wichtigen Stellenwert ein. Die heilige Anna ruht meist, einer Königin gleich, auf einem riesigen altarähnlichen Bett. Fröhliche Helferinnen und Verwandte baden das Marienkind. Es ist eine Fruchtbarkeitsszene voller elementarer Kraft, wobei auf den byzantinischen Ikonen das feurige Rot des Mantels, der die heilige Anna umhüllt, in seiner Symbolik das Geburtsereignis und die Mutterliebe der Wöchnerin noch betont. Im Gegensatz zu den kontemplativen, eher stillen Geburtsszenen von Jesus (mit seiner jungfräulichen Mutter) wird die Geburt Mariens zu einem Triumph der Weiblichkeit, der Fähigkeit, zu gebären und damit der Welt Rettung zu schenken.

Die Geburt von Maria kündigt aber auch – man denke an die Symbolik der Anna selbdritt – die Neugeburt der Seele zu Gott hin an. Es ist der versöhnende Augenblick der inneren und äußeren Natur.

> So sieht Anna Katharina Emmerich »in der Zeit der Geburt Mariä eine große freudige Bewegung in der Natur, in allen Tieren und auch in den Herzen aller guten Menschen und hörte süßen Gesang (...)«. Nun ist der Augenblick im Geistigen, wo »alle Arbeit und Buße und alles Ringen, Schreien und Sehnen (...) zu einer befriedigenden Frucht reift«.[37]

Das Fragment eines Freskos des 14./15. Jh. aus Lakonien (Peloponnes) zeigt eine seltene Darstellungsform: vier Jungfrauen tanzen vor der heiligen Anna, die ihre neugeborene Tochter stillt (Abb. 16). Ihr Tanz, Ausdruck spontaner Freude, wirkt zugleich wie ein kultischer Tanz zu Ehren der heiligen Frauen Anna und Maria. Die Ikonographie der stillenden Anna erinnert an die verbreiteten Bildformen der *Maria Lactans*, die ja in der Tradition der Muttergöttinnen des Mittelmeerraums stehen (s. S. 144, 152).

16 »Die heilige Anna stillt Maria, Jungfrauen tanzen dazu«, Zeichnung: Jutta Ströter-Bender nach einem Freskofragment in Lakonien aus dem 14./15. Jh.

Triumphierend singt Anna (in dem Protoevangelium des Jakobus) ein Lobgebet:

> »Wer verkündigt den Söhnen Rubens, daß Anna stillt? Höret, höret, ihr zwölf Stämme, daß Anna stillt.«

Die Gegenreformation verbot die Darstellung apokrypher Szenen, so daß sich in Spanien (aber kaum im nördlichen Europa) neue Interpretationen zur Kindheit Mariens durchsetzten. Das heilige Kind erscheint nun im familiär-bürgerlichen Umfeld als gute und folgsame Tochter einer tugendhaften Mutter (Abb. 17), primär Vorbilder für die heranwachsende Generation, aber immer noch von starker spiritueller Kraft, denn sie bewahren die mystische Dimension der Mutter-Tochter-Verbindung.

17 »Mutter Anna mit der Jungfrau Maria«, Bartolomé Esteban Murillo, um 1665–75, Muse
Prado, Madrid

Mariä Tempelgang (Opferung im Tempel)
(Festtag: 21. November)

Im Alter von drei Jahren, so die Apokryphen, wurde die kleine Maria von ihren dankbaren Eltern in den Tempel gebracht, um dort ›geopfert‹ zu werden – das Mädchen sollte unter der Obhut der Priester aufwachsen und im Tempel Dienste leisten. – Dies erinnert an die in den Mysterienkulten des antiken Mittelmeerraums weitverbreitete Sitte, jungfräuliche Tempeldienerinnen einzusetzen – ein Brauch, der noch fortlebte, als das Protoevangelium des Jakobus in Syrien entstand.

Im abendländischen Mittelalter, in der Blütezeit der Marienverehrung (14. Jh.), war *Mariä Tempelgang* ein häufiges Bildthema. Als Beispiel möge das Fresko von Giotto di Bondone (1267–1337) dienen, das 1304/05 in der Arenakapelle zu Padua entstand. Schauplatz der Szene ist der Treppenaufgang zum Tempel, die Grenzpforte zwischen innerer und äußerer Welt, wo die Eltern dem ehrwürdigen Hohepriester, Vertreter der geistigen Mächte auf Erden, das Kind übergeben und sich von ihm trennen (Abb. 18).

Die spirituelle Dimension der Tempelsymbolik – Bild für die Anwesenheit Gottes und ein geistiges Raumerleben (›Gott umfängt mich‹) – wurde bereits erläutert (s. S. 43). In der orthodoxen Liturgie wird dem Festtag Mariä Tempelgang eine kosmische Bedeutung zugeordnet:

> »Freuen sollen sich der Himmel und die Erde, wenn sie sehen, daß der geistige Himmel sich in das Haus Gottes begibt, damit in würdiger Weise erzogen werde die Jungfrau, einzigartig und makellos (...)«[38]

Der Einzug Mariens in den Tempel weist somit auf die letzte Vollendung der materiellen Schöpfung hin, wenn diese durchgeistigt heimkehrt zu ihrem Schöpfer.

Die ›Opferung‹ des Marienkindes ist auch das äußere Gleichnis für einen inneren Akt, der auf dem mystischen Stufenweg von entscheidender Bedeutung ist. Die Eltern Mariens haben sich nach langer Unfruchtbarkeit (auch ein Bild für den Zustand der Seele) an das Gottesgeschenk in der Gestalt ihrer Tochter nicht gebunden. Sie haben ›ihr‹ Kind (auch ein Symbol für ihre sich entwickelnde Seele) losgelassen und Gott im heiligsten Raum, dem Tempel von

18 »Tempelgang Mariens«, Giotto di Bondone, um 1304/05, Cappella degli Scrovegni all'Arena (Arenakapelle), Padua

Jerusalem, anvertraut. So wird Maria vor den Einflüssen und Versuchungen der äußeren, der materiellen Welt bewahrt und kann Jungfrau bleiben; die heranwachsende Seele wird vorbereitet, das göttliche Licht in der Gestalt von Jesus aufzunehmen.

Als Tempeljungfrau wird Maria in der abendländischen Kunst des ausgehenden Mittelalters häufig mit den Attributen der Madonna im Ährenkleid verbunden (s. S. 152 ff.). Andere Szenen zeigen die Tempeljungfrau bei der Verkündigung, die den apokryphen Erzählungen nach ebenfalls im Jerusalemer Tempel stattgefunden hat.

Verkündigung

(Festtag: 25. März)

»Da kam (ein) Bote von Gott, (ein) Engel vom Himmel,
brachte dieser Welt theure Kunde.
Flog er Sonnen-Pfad, (die) Sternen-Straß
(den) Wolken-Weg zu der heiligen Jungfrau.«
(Otfrid, fränkische Evangelienharmonie, um 865)[39]

Schon die frühe christliche Kunst kennt Bilder, welche die Verkündigung der Geburt Jesu an Maria zeigen. Neben den Textstellen im Lukas-Evangelium (Lk 1,28–36) prägten die entsprechenden Passagen aus dem Protoevangelium des Jakobus die Motivwelt der Verkündigungsszenen vom 5. Jh. bis in das späte Mittelalter. Diesen Quellen zufolge rufen die Hohepriester Maria, die bereits mit Josef verlobt ist, in den Tempel zurück, damit sie an der Herstellung eines Vorhangs für den Tempel mitwirke. Ein heiliger Losentscheid bestimmt, daß Maria echten Purpur und Scharlach verweben soll. Sie arbeitet zu Hause. Als sie das Spinnen des Scharlachs unterbricht, um am Brunnen Wasser zu schöpfen, hört sie den Gruß und die Ansprache des noch unsichtbaren Erzengels Gabriel. Maria fürchtet sich und eilt in ihre Kammer zurück, um den Faden weiterzuspinnen. Dort erscheint ihr der Engel erneut und verkündet die Geburt Jesu.

Am Brunnen des Lebens

Die Szene am Brunnen (oder an der Quelle) konnte sich als Bildmotiv im abendländischen Raum nur selten durchsetzen, da hier die Theologen den Apokryphen ablehnend gegenüberstanden. Die byzantinische Kunst hingegen nahm sich der Thematik an – bis ins Hochmittelalter hinein entstanden Bilder der *Verkündigung am Brunnen*. Als repräsentatives Beispiel gilt ein italo-byzantinisches Mosaik der ›Ansprache am Brunnen‹, das um 1220 entstand (Kirche S. Marco, Venedig; Abb. 19). Zentrale Gestalt ist die erschrokkene Maria. Ihr Haupt (das höchste Erleuchtungszentrum; s. S. 211) wendet sich nach oben, zur Ebene des Luftraums, aus dessen Höhen der Erzengel mit ausgebreiteten Flügeln herabschwebt. Mit seiner rechten Hand nähert er sich grüßend dem Heiligenschein Mariens und steht im Begriff, in ihre ›Aura‹ einzutauchen. Maria befindet sich zwischen Haus und Brunnen, zu dem drei Stufen, Sinnbild der Heiligen Dreifaltigkeit, hinaufführen. Von den Stufen wächst ein Baum empor, Symbol des Lebensbaums. Die Körperhaltung Mariens richtet sich auf den Brunnen, nur ihr Haupt ist leicht zurückgewandt, so als lausche sie dem Engel. Ihre Hände verbinden die Schöpfhaltung mit der traditionellen Fürbittgeste (s. S. 217f.) – Ausdruck dafür, daß Maria auch für die Gläubigen bereit sein wird, Wasser aus dem ›Brunnen des ewigen Lebens‹ zu schöpfen.

Der Brunnen als Ausgangspunkt des Verkündigungsgeschehens umfaßt in seiner Symbolik Bilder aus dem biblischen Kontext ebenso wie aus der Mythologie der vorchristlichen Epoche. Im Alten Testament ist der Brunnen eine Metapher für den Mutterschoß, aus dem das neue Leben kommt (Spr 5, 18), aber auch ein Gleichnis für den Prozeß, sich nach innen zu wenden, sich der spirituellen Betrachtung der persönlichen Vergangenheit, des eigenen Ursprungs, zu widmen (Jes 51,1 f.). Letzteres ist nicht nur linear-historisch zu verstehen, sondern vor allem als Suche nach der Verbindung zwischen dem Erscheinenden und dem verborgenen Jenseitigen. Im Neuen Testament findet sich mit dem Gespräch zwischen Jesus und der Samariterin am Jakobsbrunnen (Joh 4,1) eine der zentralen Passagen zum Bild des Brunnens: Jesus offenbart seine Worte als Wasser des ewigen Lebens, damit kann in der apokryphen Verkündigung am Brunnen ebenfalls ein Hinweis auf das zukünftige Wirken Christi gesehen werden.

Keltische und germanische Mythen beschreiben übrigens das Bild eines himmlischen Brunnens, in dem die ungeborenen Seelen verborgen liegen. Hüterin dieses Brunnens ist die germanische Göttin Freya, auch Holda genannt, die daraus jene Kinderseelen holt, die zum Eintritt in das menschliche Leben bestimmt sind. Ein Bild, das sich in manchen Märchen erhalten hat, aber auch – in abgewandelter Form – auf die Muttergottes übertragen wurde. Allerdings läßt es sich nicht mit der umstrittenen Brunnendarstellung in den Verkündigungsszenen assoziieren, sondern vielmehr mit den Paradiesgartenbildern des hohen Mittelalters, die Maria am himmlischen Brunnen zeigen.

19 »Verkündigung am Brunnen«, um 1220, Basilica S. Marco, Venedig

Jungfrau mit der Spindel

Im ersten vorchristlichen Jahrtausend dominierte in Ost und West das Verkündigungsbild der *Jungfrau mit der Spindel:* Maria spinnt den Faden für den Tempelvorhang.

Mit der Verkündigung gibt der Erzengel Gabriel Maria den Auftrag, den irdischen Lebensfaden Christi zu ›spinnen‹ und seinen Leib zu ›weben‹. Die purpurne Tönung des Fadens verweist auf die Farbe des römischen Kaisermantels, die Christus als Weltenherrscher zusteht. Als Farbe der Passion aber ist sie zugleich Hinweis auf das Blut Jesu.

In der Farblehre Rudolf Steiners, die auf Goethes Erkenntnissen aufbaut, entsteht die Farbe Rot durch das Scheinen von Licht in der Dunkelheit (Klammertext Erläuterung der Verfasserin):

> »Wenn die Sonne [Symbol der ewigen Gottheit] Rot erzeugen soll durch die Morgenröte [Symbol für Jesus Christus], muß sie erst auf die Wolken scheinen [Symbol für den menschlichen Geist], und wir können durch die Dunkelheit der Materie das Rot sehen.«[40]

Der heilige Andreas von Kreta (660–740) sieht in seinen mystischen Betrachtungen die Gestalt Mariens selbst als den Purpur an:

> »Der Purpur, der das Gewebe des Wortes in seiner unaussprechlichen Menschwerdung färbte, ist die Jungfrau Maria (...)«[41]

So sind das äußere und innere ›Gespinst‹ Mariens (Tempelvorhang und Leib Christi) zeitlich eng verbunden. Sie entstehen zugleich, und später wird auch der Tempelvorhang im selben Augenblick zerreißen wie die irdischen ›Körpergewebe‹ von Jesus am Kreuz.

Eine monumentale russische Ikone aus dem 12. Jh., die aus der Gegend um Nowgorod stammt, zeigt in eindrucksvoller Weise die Verkündigungsszene zwischen dem grüßenden Erzengel Gabriel und Maria mit der Spindel (Abb. 20). Maria wird hier in byzantinischer Tradition als weise und kluge Jungfrau dargestellt, welche die Worte des Engels erwägt. In aller Schönheit erscheint sie als Typus der heiligen Sophia, der ewigen Weisheit Gottes (s. S. 48 ff.). Die rechte Hand Mariens ist erhoben und deutet auf das Herz, wo die inkarnierte Gestalt des thronenden und segnenden Christuskindes in Rot aufleuchtet. Von der rechten Hand geht auch der Purpurfaden zur Spindel, die Maria in ihrer Linken hält. Der Faden ist eng

20 »Verkündigung von Ustjug«, Nowgoroder Schule, 12. Jh., Himmelfahrtskathedrale, Nowgorod

mit dem Körper des Jesuskindes verbunden und wird Sinnbild der ›Einwebung‹ der heiligsten Kräfte in den Leib der werdenden Mutter (s. S. 214):

> »Du sollst wirken«, sagt Meister Eckehart, »und er soll (Gestalt) annehmen.«[42]

Übrigens kennen schon alte Mythen das Bild der Tempeljungfrauen, die im heiligen Raum spinnen und weben – beides spezifisch weibliche Symbolhandlungen von Göttinnen und heiligen Frauen. In der griechischen Mythologie sind es die Schicksalsgöttinnen, die Moiren, die als göttliche Spinnerinnen die Schicksalsfäden der Menschen wirken, bei den Germanen heißen sie Nornen. Die Gewänder der Nornen erscheinen im Licht der phasenhaften Mond-Dreiheit (Neumond, Halbmond, Vollmond), die Milchstraße gilt als ihr ›Gespinst‹. Sie wohnen im himmlischen Saal neben dem Brunnen, am Fuße der heiligen Esche, dem Weltenbaum Yggdrasil (Symbol der Milchstraße), und die Göttin Freya selbst erscheint mit der Spindel in der Hand an Brunnen oder Quellen.

Mit dem Buch in der Hand

Die betende Maria mit dem aufgeschlagenen Psalterbuch in der Hand, seit karolingischer Zeit (8./9. Jh.) ein bekanntes Motiv in den abendländischen Verkündigungsszenen, verdrängt bis zur Gotik ältere Darstellungsweisen (Jungfrau mit der Spindel, Am Brunnen) weitgehend. In den »Meditationes vitae Christi« des Pseudo-Bonaventura (13. Jh.) heißt es, Maria habe bei der Erscheinung des Engels im Buche des Propheten Jesaja die Schriftstelle 7,14 gelesen:

> »Darum wird euch der Herr von sich aus ein Zeichen geben: Seht, die Jungfrau wird ein Kind empfangen, sie wird einen Sohn gebären, und sie wird ihm den Namen Immanuel (Gott mit uns) geben.«

So findet man auf zahlreichen Verkündigungsdarstellungen diese Schriftstelle auf dem ›Buch des Lebens‹ deutlich sichtbar angegeben oder sogar zitiert – zumal es auch im Volksglauben heißt, daß niemand im Gesetz Gottes und in der Weisheit unterrichteter gewesen sei als die Jungfrau Maria. Ein Hinweis, der wieder einmal zur Gestalt der Göttlichen Weisheit führt, zu deren wichtigsten Attributen die Schriftrolle oder das Buch der Heiligen Schrift gehört (s. S. 208). Maria als ›Verkündigte‹ des Heiligen Geistes wird hier erneut zur Repräsentantin der Sophia. Als eindrucksvolles Beispiel dieses Motivs sei das Verkündigungsbild von El Greco (Ende des 16. Jh.; Abb. 21) genannt, auf dem die Flügel des Engels und die Gestalt des Heiligen Geistes im Taubensymbol Maria völlig überschatten.

21 »Die Verkündigung«, El Greco, Ende 16. Jh., Szépmüvészeti Múzeum, Budapest

In der italienischen Hochgotik entwickelt sich eine eigene Darstellungsweise der Maria als *Annunziata* (*Verkündigte;* Abb. 22). Der Bildtypus läßt sich auf ein (nach 1252 entstandenes) Gnadenbild, das heilige Kultbild des Servitenordens, in S. Annunziata zu Florenz zurückführen. Es heißt, ein Engel habe das Gesicht der

Jungfrau gemalt, während der Maler schlief. Das Kultbild wurde oft kopiert und fand auch im deutschen Raum Verbreitung. Charakteristisch ist, daß es sich um intime Einzeldarstellungen Mariens handelt, welche die Jungfrau zeigen, wie sie über die gerade empfangene Botschaft meditiert. So wird sie zum Vorbild und zum Inhalt einer besonderen Meditation, Ergriffenheit prägt ihr leuchtendes Antlitz. Meister Eckehart schreibt:

> »Die Meister sagen, die Seele habe zwei Antlitze: das obere Antlitz schaut allzeit Gott, und das niedere Antlitz sieht etwas nach unten und lenkt die Sinne; das obere Antlitz aber, welches das Höchste der Seele ist, steht in der Ewigkeit und hat nichts zu schaffen mit der Zeit und weiß nichts von der Zeit noch vom Leibe. Und ich habe zuweilen gesagt, in ihm liege so etwas wie ein Ursprung alles Guten verdeckt und wie ein leuchtendes Licht, das allzeit leuchtet, und wie ein brennender Brand, der allzeit brennt; und dieser Brand ist nichts anderes als der Heilige Geist.«[43]

22 »Annunziata«, toskanisch, Ende 14. Jh., Alte Pinakothek, Bayerische Staatsgemäldesammlungen, München

Annunziata-Darstellungen fanden im südlichen wie im mittleren Europa schnelle Verbreitung und blieben bis in die Barockzeit populär. In dieser Epoche flossen sie auch in Bildnisse der Maria als Braut des Heiligen Geistes ein.

Der Darstellung des Erzengels Gabriel ordnet man zumeist den Lilienstab als charakteristisches Attribut zu, obwohl weder die Bibel diesen Stab erwähnt, noch frühe Bildnisse ihn zeigen.

Im 6. Jh. scheint der einfache Botenstab als Kennzeichen der Erzengel erstmals aufzutreten. Insbesondere in der Verbindung mit dem Verkündigungsengel Gabriel wurde er zum Symbol von dessen göttlichem Übermittlungsauftrag – Maria die Geburt Christi kundzutun. Nicht zuletzt ist der Stab ja von alters her ein phallisches Symbol, verdeutlicht die männliche Zeugungskraft, und der Erzengel Gabriel, dessen Name ›Kraft Gottes‹ bedeutet, ist in der biblischen Überlieferung der große Zeugungs- und Geburtsengel. Als Übermittler der göttlichen Zeugungskräfte steht er, so die jüdische Tradition, zu Häupten eines jeden zeugenden Paares und prägt das Kind nach dem Bilde Gottes.

In der spirituellen Entsprechung öffnet Gabriel als Hüter des Paradiesgartens die Tore zum Himmel und gilt als ›Schwellenbegleiter‹. Als himmlischer Führer zur geistigen Wiedergeburt der Menschen legt er im ›geistigen Frühling‹ in deren Seelen den ›Samen des göttlichen Wortes‹ (s. S. 121 ff., 152 ff.). Diese Interpretation leitete während der karolingischen Renaissance (9. Jh.) allmählich einen Wandel in der Bedeutung des Stabes ein: In den Verkündigungsszenen wird der einfache Botenstab des Erzengels zum Symbol des – ursprünglich weiblichen – Lebensbaums, zuweilen in der Gestalt des lilienähnlichen ›Dreilapp‹. Man kann also von einer Durchdringung weiblicher und männlicher Symbole sprechen.

In den antiken Mythologien der Mittelmeervölker galt der Baum als archetypische Geburtsstätte und als Ort der geschlechtlichen Vereinigung bei den Hochzeiten der Götter. Bei der Geburt eines Kindes pflanzten die Römer einen Baum. Im mythologischen Verständnis der Germanen leben die Seelen der Ungeborenen in den Bäumen, deren Krone als Zwischenreich von Himmel und Erde gilt.

Diese Umdeutung des Engelstabs zur Lebensrute verwies aber nicht nur auf Zeugung und Geburt, sondern auch auf das Wachstum des ›neuen Lebensbaums‹ (Abb. 23), das spätere Kreuz der Erlösung Christi, welches den alten Paradiesbaum der Erkenntnis

und Versuchung, an dem Adam und Eva (Symbol der alten Menschheit) scheiterten, ablöste.

Mit der wachsenden Marienverehrung im Mittelalter wandelte sich das Bild des Lebensbaums in den Händen des Engels Gabriel erneut – nun zu einem Lilienstab (Herrschaftszeichen von Gott-König), an dessen Spitze drei Blüten dieser Paradiesblume angeordnet sind. Sie symbolisieren als Zeichen von ›Licht und Leben‹ die Heilige Dreifaltigkeit: Geöffnet ist die Lilie, die Gottvater symbolisiert; die Blüte für den Sohn zeigt sich knospenhaft, während die des Heiligen Geistes noch geschlossen ist, da sich seine Kräfte erst später, am Pfingstfest, auf die Menschen ergießen werden.

In der Frühzeit des Mittelalters galt die weiße Lilie in der Weiterführung der antiken Vorstellungen keineswegs als Symbol der Jungfräulichkeit Mariens, sondern vielmehr als Sinnbild der Liebeslust und Zeugung, in der biblischen Deutung des Hohenliedes als Ausdruck der Erwählung durch den göttlichen Bräutigam. Die Vase, in welcher der Lilienzweig auf manchen Szenen steckt, ist ein Bild der weiblichen Empfänglichkeit und ein Symbol der empfangenden Seele, in welche die Gaben des göttlichen Wortes ›eingegossen‹ werden, weshalb Propheten auch ›Gefäße Gottes‹ genannt werden. Die Lilienblüten gelten ferner als allgemeines Bild der zum Lichte Gottes gewandten ›reinen, weißen‹ Seele und wurden daher zum Attribut verschiedener Heiliger.

Erst das späte Mittelalter wertete den Lilienstab als Zeichen körperlicher Reinheit. Die »fortschreitende Abwertung der Sinnenwelt«[44] machte den Lilienzweig mehr und mehr zum dekorativen Attribut (Abb. 21).

23 »Erzengel Gabriel mit dem Symbol des Lebensbaums«, Benedetto Antelami, 12. Jh., Kathedrale von Altamura

Christgeburt, Anbetung und Flucht

»Die Jungfrau gebiert heute den, der über allem Sein steht,
und die Erde bietet eine Höhle dar dem Unzulänglichen.
Engel stimmen mit den Hirten einen Lobgesang an,
und Magier machen sich mit einem Stern auf den Weg.«
(Byzantinischer Weihnachtshymnus aus dem 6. Jh.)[45]

Nur in wenigen Zeilen berichten die Evangelien des Matthäus (1,25) und des Lukas (2,6f.) über die Geburt Christi. Dennoch wurde sie bereits in der Katakombenmalerei der frühen christlichen Jahrhunderte – in Verbindung mit der *Anbetung der Magier* (Abb. 24) – zum Motiv.

Im 5. Jh. entwickelte sich hieraus eine eigene Geburtsszene, in der Maria als Mutter des Herrn dominierte. Bis in das 6. Jh. hinein stellte man sie mit dem neugeborenen Kind dabei als Sitzende dar (meist auf einem Thron; s. S. 200ff.), um die Jungfrauengeburt Christi zu betonen und um hervorzuheben, daß die Mutter des Herrn aufgrund ihrer Heiligkeit keine Geburtsschmerzen erleiden mußte. Erst nachdem die These der Jungfrauengeburt allgemein anerkannt war, wurde Maria auch als Wöchnerin, auf ihrem Mantel liegend, gezeigt. Der Mantel umgibt sie auf diesen Bildern wie eine Aura oder ein Glorienschein (Abb. 44; s. S. 150).

24 »Magieranbetung«, Zeichnung nach einem Fresko des 3. Jh. in der Catacombe di Domitilla, Rom

Bereits vor dem Bildersturm (s. S. 9 ff.) verband sich das Bild der heiligen Mutter und ihres neugeborenen Kindes mit den uns heute noch vertrauten Symbolen von Weihnachtsstern, Felshöhle und Krippenstall mit Ochs und Esel, die zu Charakteristika des Weihnachtsfestes wurden. Komplexe Bildkompositionen entwickelten sich, die das gesamte Weihnachtsgeschehen von Geburt, Anbetung der Hirten und der drei Magier (Weisen oder Heiligen Drei Könige) auf verschiedenen Ebenen zusammenfaßten.

In Fels und Höhle

Das Bild der sogenannten ›Winterhöhle der Milchstraße‹ ist in den Religionen der Antike mit der Geburt des Lichtgottes (der Sonne im Jahreskreislauf) verknüpft. Daher gehörten Aufenthalte in Höhlen und Grotten zu den Einweihungsritualen der Mysterienkulte um den persischen Lichtgott Mithras, dessen Religion bis zum 5. Jh. mit dem Christentum konkurrierte. Priester führten die Initianten zur geistigen Wiedergeburt der ›inneren Sonne‹. Hochfest des Mithras-Kultes war der 25. Dezember, der ›Geburtstag der Jahressonne‹.

> »Wenn um die Mitternacht der Wintersonnenwende die Sonne durch den unteren Meridian, ihren tiefsten Punkt hindurchging, in welchem sich dann das Tierkreiszeichen des Steinbocks befand, war das Zeichen der Jungfrau mit der Ähre, die auch wohl einfach als eine Ähre dargestellt wurde, über den östlichen Horizont heraufgekommen. Ihr Emporsteigen kündigte die Geburt des Lichtgottes an, und in dem Augenblicke, wo ihre Füße den Horizont berührten, war das neue Licht geboren, d.h. die Sonne hatte alsdann den unteren Meridian durchschritten. Das ist der Grund, warum die Feier der Epiphanie des Lichtgottes eine unterirdische war, zur Nachtzeit, in Grotten, geheimen Kapellen oder sonst an finsteren Orten vollzogen wurde und warum der neue Jahres- oder Lichtgott um die Mitternacht der Wintersonnenwende geboren sein sollte«.[46]
> »Aber die Milchstraßenhöhlung ist nicht nur eine Höhle, ein Stall, ein Baum oder eine Brücke; sie spielt in der Astralmythologie auch zugleich die Rolle eines Felsens, den die Sonne zur Zeit der Frühlingsgleiche ›durchbricht‹. Daher sehen wir Mithras auf den Abbil-

> dungen, wie aus einem Baume, so auch aus einem Felsen hervorkommen. Der Gott hieß davon der ›Felsgeborene‹ (...) wieder eine Ähnlichkeit mit Christus.«[47]

Die Popularität dieser Feiern war für die römische Kirche einer der Gründe, das Fest der Geburt Christi, ursprünglich am 6. Januar als Epiphanie begangen, im Jahre 354 auf den 25. Dezember zu verlegen. Dies wiederum trug zur Verchristlichung der zitierten astralmythologischen Vorstellungen bei, die ja bereits fast alle ›unsere‹ Weihnachtsbilder enthalten.

Das Protoevangelium des Jakobus berichtet, daß sich die Geburt des Christuskindes nicht direkt in Bethlehem, sondern um Mitternacht in einer Felsenhöhle nahe der Stadt vollzog. Diese Geburtshöhle Jesu war bereits in apostolischer Zeit bekannt und ging als Motiv schon früh in die östliche und westliche Sakralkunst ein. Im Abendland prägte sie bis in das ausgehende Mittelalter die Weihnachtsdarstellungen, im Osten ist sie noch heute ein zentrales Thema.

Das hebräische Wort für Felsen, ›zur‹, bedeutet zugleich ›Form‹ und ›Leiden‹. Das vielschichtige, weibliche Symbol der Felshöhle ist im mythischen Bewußtsein der Völker von jeher ein Grenzbereich, wird als Eingang zur Unterwelt zwiespältig betrachtet. Als Ort von Schwere und Dunkelheit, der das Wirken der dunklen Erdkräfte nahebrachte, gibt eine Höhle auch Schutz vor den Gefahren der Außenwelt – wie ein Mutterschoß.

In der christlichen Deutung wird das Bild der Felsenhöhle mit dem Inneren des Menschen, mit seinem verborgenen Herzen in Verbindung gebracht, in welchem dunkel und verborgen geheime Schätze der Seele, aber auch die Gefahren unterbewußter Kräfte ruhen. Mit dem Bild des Lichtkindes, das in der Finsternis der Erde geboren wird, verdichtet sich das Symbol der felsigen Erde zum mystischen Gleichnis für die nun erleuchteten Tiefen des menschlichen Herzens (und Unterbewußtseins), in dem sich – noch verborgen – die geistige Wiedergeburt des Menschen vollzieht. Danach ist der innere Raum des Herzens nicht mehr von einer dunklen materiellen Schicht bedeckt, sondern trägt das lebendige Licht des Göttlichen in sich. Nicht am Tag, in der Helle des Tagesbewußtseins, so sagt die Weihnachtsgeschichte, kann dieses Ereignis stattfinden. Der innere Zustand der Nacht ist vonnöten, Stille und Umhüllung. Mit der Geburt Jesu verändert sich das alte Bild der Nacht, der Lichtlosigkeit und geistigen Dunkelheit, Gleichnis für das Leben in Bosheit und Sünde, zu einem Zeichen der Hoffnung, in dem nun die Sterne des Erkenntnislichtes scheinen (s. S. 182 f.) und die Engel den Hirten (Symbole der wachenden und aufmerksamen Menschenseelen) die frohe Nachricht bringen.

Maria als Archetypus der jungfräulichen Mutter wird in der mystischen Deutung des Weihnachtsgeschehens zur Urgestalt der Beschützerin, zur Bewahrerin des göttlichen Lichtkindes in der ›Herzenshöhle aller Menschen‹. Abermals – wie in den Darstellungen der Anna selbdritt (s. S. 53 ff.) – zeigt sich hier die Symbolik von Körper (Felsenhöhle), Seele (Maria) und Geist (Christuskind) und wird zum generellen Gleichnis für den persönlichen Weg des Geistes.

Im weißen Kleid

Die berühmte Vision der heiligen Birgitta von Schweden (1303–73) von der Christgeburt in einer Felsenhöhle gewann große Bedeutung für die ikonographische Ausschmückung der mittelalterlichen Weihnachtsbilder. In ihrer Vision erblickte die Seherin die Muttergottes als Vorbild einer entrückten Seele, die sich ganz und gar in Gott und in der Gebetsandacht befindet:

> Vor der Geburt, in der Höhle legte die Jungfrau »Schuhe und Mantel ab, nahm sich auch den Schleier vom Haupt und legte ihn neben sich. So war sie nur mit der Tunika bekleidet; ihr schönes, goldenes Haar fiel ihr lose über die Schultern. (...) Als alles vorbereitet war, kniete die Jungfrau in großer Andacht betend nieder. Ihr Rücken war gegen die Krippe gewendet, ihr Antlitz aber gen Osten zum Himmel erhoben. So, mit ausgestreckten Händen und mit zum Himmel gerichtetem Blick, verharrte sie in Ekstase, versunken in Betrachtung und göttliches Entzücken. Während sie so im Gebet war, sah ich, wie sich das Kind in ihrem Leibe bewegte, und plötzlich in einem einzigen Augenblick, gebar sie den Sohn, von dem ein solch unsagbares Licht ausstrahlte, daß nicht einmal die Sonne damit zu vergleichen war. (...) Sogleich sah ich jenes glorreiche Kind nackt und leuchtend auf der Erde liegen (...) die Jungfrau

neigte das Haupt, faltete die Hände und betete den Knaben mit großer Ehrfurcht an. Sie sprach zu ihm: ›Sei willkommen, mein Gott, mein Herr und mein Sohn.‹«[48]

Inspiriert von dieser Schau ist das Gemälde von Friedrich Herlin aus Rothenburg ob der Tauber, 1462 im Rahmen eines Weihnachtszyklus für die Flügel des Hochaltars von St. Georg, Nördlingen gemalt (Abb. 25). Im strahlend weißen Kleid dominiert Maria die Szene. Sie erhebt sich aus ihrem zu Boden gesunkenen Mantel wie aus einer dunklen, nächtlichen Wolke. Ihr aufgelöstes goldenes Haar umfließt sie wie ein Schleier. Die Strahlen des Heiligenscheins um ihr Haupt bilden die Form des Weihnachtssterns nach. Zu Füßen Mariens, noch in der Aura des Mantels und damit in der Geborgenheit der mütterlichen Liebe, liegt das kleine, nackte Jesuskind, das mit wachem Blick nach oben schaut. Rechts von Mutter und Kind, durch eine Säule von ihnen getrennt, beugt der heilige Josef im roten Gewand die Knie. Er hält in der Hand eine brennende Kerze, ein Symbol für den leuchtenden Christus. Das Rot des Josefgewands und das strahlende Weiß des Marienkleids stehen sich in diesem Bild als Farbklang gegenüber. Rot und Weiß, Milch und Blut, gehören weltweit in mythologischen Vorstellungen zusammen und bilden ein Gegensatzpaar. Das warme Rot des Josefgewands ist in der christlichen Ikonographie die heilige Symbolfarbe des Opfers und der Liebe Christi.

Das weiße Mariengewand »ist Ausdruck des Absoluten, des Anfangs und des Endes, der Fülle und der Leere sowie deren Vereinigung. Als das Anfängliche ist es das Einfache und die Einfalt. Negativ: das noch Undefinierbare, Schemenhafte. Als die Farbe, die die bunte Fülle des Lebens auslöscht, bedeutet Weiß Erleuchtung, Verklärung, Auferstehung und Vollkommenheit.«[49]

Weiß ist die Farbe der göttlichen Offenbarung und Lichtfülle, Ausdruck der Unsterblichkeit und des ewigen Lebens im göttlichen Licht. Sie wird daher zum Symbol der Initiation in die heiligen Mysterien, die nun den Blick in die jenseitige Lichtfülle ermöglicht. Deshalb ist Weiß auch die Farbe des geistigen Neuanfangs, der Taufe und der geistigen Wiedergeburt, welche die Seele gereinigt hat von den ›Dunkelheiten‹ der früheren Lebensabschnitte. Sie zeigt an, daß nun die alte Existenz ›gelöscht‹ ist und –

»Geburt Christi«, Friedrich Herlin, 1462, Ausschnitt aus dem Weihnachtszyklus des Hochaltars von St. Georg, Nördlingen

wie bei der weißgekleideten Braut – eine neue, ›unbeschriebene‹, aber lichte Phase beginnt.

Gleichzeitig erinnert das Weiß auch an Milch:

> »Milch als gehaltvollstes Nahrungsmittel gibt seelische und geistige Nahrung, letzthin Unsterblichkeit. Sie ist das Getränk der ›Anfänger‹. In der Antike spielte die Milch eine Rolle bei der Einweihung in die Mysterien; im Christentum wurde sie den Neugetauften bei der ersten Eucharistiefeier zusammen mit Honig gereicht.«[50]

Maria im weißen Lichtgewand wird damit zur Widerspiegelung der Mysterien des Weihnachtsfestes, gestalthafte Vision einer erleuchteten Seele im göttlichen Licht.

> »Kein Verstand«, so schreibt Theresia von Ávila (1515–82) über eine Marienvision (im Jahre 1561), kann »sich einen Begriff machen von dem Stoffe jenes Kleides, noch das Weiß sich vorstellen, in welchem es der Herr erglänzen lassen wollte; alles, was auf Erden ist, scheint sozusagen nur eine Kohlezeichnung dagegen zu sein.«[51]

An der Krippe

Das Motiv des Jesuskindes, das in der Krippe liegt, beschrieben vom Evangelisten Lukas (Lk 2, 7), bezieht sich auf die Weissagung des Propheten Jesaja (1, 3):

> »Ein Ochse kennt seinen Besitzer/ und der Esel die Krippe seines Herrn,/ Israel aber hat keine Erkenntnis,/ mein Volk hat keine Einsicht.«

Die Krippe ist der erste irdische Aufenthaltsort des göttlichen Kindes, nachdem es den Mutterleib verlassen hat. Schon früh wurde die Krippe zu einem bedeutenden Gegenstand mystischer Betrachtungen, nicht zuletzt, weil sie auch an jenen geteerten Korb erinnert, in welchem Mirjam, die legendäre Mutter Moses (eine Vorläufergestalt von Maria), ihren Sohn am Nilufer aussetzte und ihn so vor dem Mordbefehl des Pharao rettete. Der rettende Korb heißt im Hebräischen ›teba‹, was soviel wie ›Wort‹ bedeutet, Geborgensein in Gottes Wort und darin über die ›Wasser der Zeit‹ getragen werden.

Darüber hinaus ist der Krippenkorb ein weiteres Beispiel für die Christianisierung ›heidnischen‹ Gedankenguts, denn in den Kulten des Hermes oder des Erlösergottes Dionysos ebenso wie in den Kulten um die antiken Lichtgötter spielte der Krippenkorb eine Rolle. Bei feierlichen Prozessionen wurde er umhergetragen, etwa bei der Dionysos-Feier in Griechenland, wenn zur Zeit der Wintersonnenwende die Frauen zum Gipfel des Parnaß zogen und den Gott grüßten, der in Gestalt eines Kindes in einer Getreideschwinge oder Wiege lag. Im Korion-Tempel zu Alexandria feierte man in der Nacht der Wintersonnenwende ein Mysterienfest, das der Kore (auch Jungfrau Persephone genannt) geweiht war, die als Mutter des neuen Jahresgottes galt. Bei Tagesanbruch stieg man mit Fackeln in eine geheime, unterirdische Kapelle hinab. Von dort trug man das hölzerne Standbild des Dionysos – in Gestalt des kleinen Kindes der Kore – hinauf, gebettet in einen länglichen Korb *(liknon).* Nach einem Umzug mit entsprechenden Weihungen kehrte es wieder an seinen Platz unter der Erde zurück. War die Zeremonie beendet, so riefen sich die Teilnehmer zu: »Die Jungfrau hat geboren; das Licht wird zunehmen.«[52] So erklärt sich, warum ein frühes Katakombenbild die Krippe, in die das Christuskind gebettet ist, als *liknon* zeigt.

In der byzantinischen Malkunst wird nicht ein Krippenkorb dargestellt, sondern ein altarähnlicher Aufbau aus Stein. Dieser gilt nach alten Pilgerberichten als eine Kopie des Altars über der Krippenhöhle zu Bethlehem, durch dessen Öffnungen man in die Geburtshöhle des Herrn hinabblicken konnte. Spirituell interpretiert, verweist die steinerne Krippe auf das Sakrament des Abendmahls am Altar, die Verwandlung von Brot und Wein und damit auf die Ostermysterien. Der Ort, wo dies alles beginnt, Bethlehem, heißt im Hebräischen ›Haus von (oder vom) Brot‹. Christus, das ›lebendige Brot‹, liegt in Windeln gewickelt (Symbol der Zeitlichkeit des irdischen Lebens, die damit ›Todesbande‹ sind) auf dem sarkophagähnlichen ›Krippenaltar‹, zugleich eine bildliche Andeutung seines späteren Opfertodes.

Die Volksmission des Franziskanerordens bewirkte im abendländischen Raum eine besondere Verehrung der Krippe Jesu und damit des Weihnachtsmysteriums. Die Franziskaner lenkten den kontemplativen Blick auf die Schlichtheit der Geburt des Herrn und brachten sie so den ›einfachen Gläubigen‹ näher. Das Bild des ärmlichen Stalls wird in diesem Kontext, ähnlich wie in der Symbolik der Felshöhle, zum Gleichnis für das menschliche Herz, das ganz schlicht und einfach sein soll, um Gott zu empfangen. C. G. Jung bezeichnet die Krippe auch als Mandala, als Bild der ewigen Mitte, zu der alle Wege führen.

Auf vielen Darstellungen wirkt Maria wie die Hüterin der geheimnisvollen, von Lichtstrahlen oder Engelformationen umkränzten Krippe und wird so in mystischer Schau zur großen Beschützerin, zur ›Seelenmutter‹ des göttlichen Geistfunkens in Menschenherzen, dem ›Christus-Licht in uns‹.

Die drei Magier
(Festtag: 6. Januar)

Der 6. Januar, der Festtag der Epiphanie, Hochfest der Erscheinung des Herrn, in unserem Kulturkreis Dreikönigsfest genannt, war im alten Ägypten Festtag von Osiris und Horus, den Göttern der neuen Jahressonne. Die Bezeichnung Magier geht auf die Antike zurück. Die Mag(i)er waren ein medischer Volksstamm, der in der altiranischen und später in der zoroastrischen Religion Priesterfunktionen wahrnahm. Auf dem oben erwähnten Katakombenbild (Abb. 24; s. S. 72) tragen die drei ›Magier‹ persische Mützen und die persische Tracht. Der westliche Volksglaube erhob die drei Weisen aus dem Morgenlande bald zu legendenumwobenen Königen mit den Namen Kaspar (Glanz), Melchior (Lichtkönig) und Balthasar.

> »Die drei Weisen, auch die drei Könige, wie es heißt, kommen aus dem Osten«, schreibt Friedrich Weinreb. »Der Osten im Hebräischen aber bedeutet das Vorher ›kedem‹. Zugleich bedeutet es auch ›früher‹. Der Adam Kadmon ist der Mensch von früher, der Urmensch, oder auch der Mensch, der bei Gott ist, der Mensch im Himmel. So kommen die drei von früher in das Jetzt und zeigen eben in diesem Jetzt die Erlösung an. Das bedeutet also, in jedem Menschen soll eine Einswerdung stattfinden zwischen dem Vorherigen aller Ebenen mit der Ebene des Jetzt, des Nun, des geschichtlichen Heute, könnte man sagen. Wenn wir das Geschichtliche, das

»Anbetung der Könige«, Meister der Verherrlichung Mariens, um 1470, Sammlung Ludwig, Suermondt-Ludwig-Museum, Aachen

Heutige, unserer Realität getrennt bleiben lassen von der Realität der anderen Ebenen, des Vorherigen, dann erleben wir nie die Geschichte der drei Weisen ... Die Geschichte also will mir sagen: Du kannst die Erlösung nur verstehen, wenn alles, was in dir ist, nicht geschichtlich, wie du es kennst, verstanden wird, wohl aber als Geschehen in dem Sinne, wie du vom Himmel herabgestiegen bist.«[53]

Auf dem Altarbild (um 1470 entstanden) des niederrheinischen Meisters der Verherrlichung Mariens, das die Anbetung der Könige zeigt, dominiert Maria die Szene – in alter Tradition als Thronende mit dem nackten Jesuskind dargestellt (Abb. 26). Die drei überreich geschmückten Könige und der heilige Josef umgeben sie. Die vier Männer repräsentieren die vier Elemente (Erde, Feuer, Wasser, Luft), Temperamentstypen (Choleriker, Melancholiker, Sanguiniker, Phlegmatiker), Himmelsrichtungen und symbolisieren mit dieser Zahl die Vielfalt der Welt in ihrer Ordnung (im Quadrat oder Viereck), die sich in ihrer Gestik mit den Grundstrukturen des Gebetes (lobend, preisend, anbetend) der ewigen Mitte zuwendet.

Maria, blau gewandet, erscheint hier als Symbol des nächtlichen blauen Himmels, in dem die göttliche Sonne aufgeht. Sie ist wiederum die erhabene Gestalt der Sophia, die heilige Weisheit Gottes, welche die göttliche Liebe als Erlöserkind in sich trägt (s. S. 48 ff.). Die himmlische Mutter hebt die linke Hand zum Herzen. Der lichte Körper des Jesuskindes, Mariens Hand, die auf ihre Brust weist, und ihr erleuchtetes Antlitz werden in der engen kompositorischen Verbundenheit zum Ausdruck der Ergriffenheit in der Begegnung von Seele und Geist:

»Hier aber gibt es nichts anderes als ein ewiges Schauen und Anstarren des Lichtes mit dem Licht und im Licht.«[54] (Jan van Ruusbroec, 1330)

Flucht nach Ägypten

Der Weihnachtszyklus endet mit der biblisch überlieferten Flucht der Heiligen Familie nach Ägypten, um dem Mordanschlag des König Herodes zu entgehen (Mt 2, 13–23). Mit der Beschreibung dieses Ereignisses nimmt der Evangelist die Worte des Propheten Hosea auf: »Aus Ägypten habe ich meinen Sohn gerufen.« (Mt 2,

15; vgl. Hos 11, 1). Ägypten ist in der Bibel viel mehr als eine geographische Bezeichnung. Es steht vor allem als Symbol für die äußere Welt, für das Leben in der Fülle der materiellen Erscheinungen. Nach Ägypten gehen heißt, nach ›unten‹ zu gelangen, hinabzusteigen in eine Sphäre der Gottesferne. Hierin drückt sich aus, daß auch Jesus mit seinen Eltern den Weg aller Menschen gehen, d.h. wie im Alten Testament Josef in die Verbannung ziehen muß, und der Weg der Erlösung erst mit der Rückkehr aus Ägypten beginnt.

Die *Flucht nach Ägypten* spiegelt die Entwicklungsstufen einer jeden Kinderseele wider – in der mystischen Entsprechung die Entwicklung des göttlichen Geistfunkens im Menschen –, die (der) während des Hineinwachsens in die Welt (in seinen geistigen Auftrag) immer wieder Angriffen ausgesetzt ist und den Schutz von Mutter und Vater benötigt.

Zwar thematisiert bereits ein Mosaik in der Kirche S. Maria Maggiore (Rom), das um 432–440 entstand, die Flucht nach Ägypten, durchsetzen aber konnte sich das Motiv erst in der spätmittelalterlichen Kunst des Abendlands. Das traditionelle Kompositionsschema zeigt in der Bildmitte Maria mit dem Kind, auf einem Esel reitend und seitlich von Josef geführt.

Größte Aufmerksamkeit erfährt die heilige Mutter in Darstellungen der *Ruhe auf der Flucht*. Hier ist sie die zentrale Bildgestalt und wird in einer mystisch erlebten Natur, in Feld, Wald, Wiese oder am Quellbrunnen, dargestellt. Als Andachtsmotiv beschreibt die Ruhe auf der Flucht den Moment des Innehaltens auf den beschwerlichen Wegen des Lebens, der Raum gibt für die kontemplative Betrachtung der Natur und ihrer geistigen Entsprechungen. Der Augenblick der Rast gibt zugleich die Möglichkeit, das Spiel des Jesuskindes detailliert zu schildern, sein segnendes Wirken in der umgebenden Landschaft zu beobachten. Hierbei symbolisiert die Gestalt Mariens wieder die in sich ruhende, meditierende Seele.

Die Thematik erfreute sich auch in der Barockzeit ungebrochen großer Beliebtheit. So ging das Fluchtmotiv während dieser Epoche im deutschen Raum in das Repertoire der religiösen Volkskunst ein, beispielsweise in die Hinterglasmalerei. Neu entwickelte sich im frühen Barock die Darstellung der nächtlichen Flucht, Inspirationsquelle von Meditationen und Visionen:

»Ich sah die heilige Familie in sternheller Nacht durch eine sandige, mit Strauchwerk bedeckte Wüste ziehen. Es war mir, als zöge ich mit durch die Wüste (...)«[55]

Adam Elsheimer (1578–1610) hat in einem seiner Hauptwerke eine solche Nacht interpretiert (Farbabb. 4). Nicht mehr Maria steht im Mittelpunkt, sondern die Silhouette des dunklen Waldes dominiert

27 »Die Jungfrau und das Kind in Ägypten«, William Blake, 1810, The Victoria and Albert Museum, London

das Bild. Der Wald umschließt schützend die kleine, nur schemenhaft erkennbare Fluchtgruppe. Am sternenklaren Himmel mit dem Band der Milchstraße leuchtet das silberne Licht des aufgehenden Vollmondes. Der Maler greift damit elementare Muttersymbole und traditionelle Attribute Mariens auf (Nacht, Mond, Sterne, Wasser). Er läßt diese zu Ausdrucksträgern der weiblichen Natur werden, die das Licht des Christuskindes in der äußeren Welt schützend verhüllt. Hier wird durch die religiöse Betrachtung das an sich beunruhigende Fluchtgeschehen transzendiert und in der nächtlichen Stille zur Chiffre eines kontemplativen Zustands von Frieden und Geborgenheit in kosmischer Weite, eine Anschauung, die William Turner (1775–1851) 1841 in seinem Gemälde »Anbruch des Christentums« (»Flucht nach Ägypten«) aufgriff und erweiterte.

Der englische Maler William Blake (1757–1827) läßt in seiner Interpretation »Die Jungfrau und das Kind in Ägypten« (1810; Abb. 27) Maria als Trägerin des göttlichen Kindes (in ihrer Brust) zum Vorbild der erleuchteten Seele werden. Sie blickt nach innen und hat ihren Blick von den prächtigen Erscheinungen Ägyptens abgewandt. Das Blatt einer Palme, Motiv des Lebensbaums, beschattet die heilige Mutter. Durch die segnenden, wie Blüten nach oben strebenden Hände, die Haltung des geistigen Heilens (s. S. 218 f.), beschirmt sie das Kind (den Geist) vor den Einflüssen der äußeren Welt. Gleichzeitig aber wirken ihre Hände wie eine Verlängerung der Hände Jesu, gehen die Gestik und Haltung des erleuchteten Kindes in die seiner Mutter über, wird Maria zur großen Heilerin und Beschützerin für alle ›Geisteskinder‹ in der ›Verbannung von Ägypten‹.

Hodegetria (Wegführerin)

Bevor das abendländische Mittelalter der Kindheit Jesu in umfangreichen Bildern Raum gab, waren es die Darstellungen von Maria mit dem Kind, welche die Menschwerdung Christi und das Erlösermysterium betonten. So wollte man auch deutlich machen, daß

28 »Der heilige Lukas malt die Jungfrau und das Kind«, Rogier van der Weyden, 15. Jh., Museum of Fine Arts, Boston

Jesus nicht als Gott, sondern als Mensch seinen Lebensweg beschritten hatte. In den frühen Marienbildern verbanden sich ikonographische Elemente der antiken Götterkind-Darstellungen (etwa der Horusknabe auf dem Schoß der Isis) mit Ausdrucksformen der ägyptischen Grabportraits.

Wie eingangs bereits erwähnt, übten ab dem 6. Jh. die sogenannten Lukas-Bilder (Abb. 1; s. S. 12f.) entscheidenden Einfluß auf die

Mariendarstellung aus. Über die Ursprünge der Legende vom malenden Evangelisten Lukas, der Maria mit dem Kind portraitiert haben soll (Abb. 28), ist kaum etwas bekannt. Um das Jahr 600 gewann es jedenfalls zunehmend an Popularität, und mit dem wachsenden Marienkult wurde die aktive Rolle Mariens bei der Bildentstehung immer mehr hervorgehoben. So predigte der Patriarch von Konstantinopel im 9. Jh., daß Maria ihr Portrait gutgeheißen und gesegnet habe. Bedeutendste der vier angeblich auf Lukas zurückgehenden Mariendarstellungen (s. S. 12) ist die *Hodegetria*. Als Lukas dieses Bild malte – bzw. nach orthodoxem Verständnis als Zeugnis seines Glaubens niederschrieb –, so erzählt die Legende, hätten ihn die Kräfte verlassen. Selbst er, als heilige Persönlichkeit, konnte den göttlichen Energien beim Gestaltungsprozeß kaum standhalten. Erst nach intensivem Gebet um Hilfe soll Lukas erhört worden sein, und das Bild vollendete sich von selbst.

Höchstwahrscheinlich stammte das Urbild der Hodegetria aus Jerusalem und gelangte von dort (auf Veranlassung der Kaiserin Pulcheria) zusammen mit anderen Kultgegenständen um das Jahr 450 in die byzantinische Metropole. Man weiß heute nicht, wie das seit der türkischen Eroberung Konstantinopels (1453) verschollene Bild wirklich aussah, nur die unzähligen Nachschöpfungen vermitteln uns eine Vorstellung. Als Kultbild ist das Lukas-Original untrennbar mit der Geschichte Konstantinopels verbunden.

> »Nahe dem Palast auf der Seite der Sophienkirche [in Konstantinopel] liegt das Kloster der hl. Gottesmutter Maria, und darin hüten sie ihre Ikone, die sie Hodegetria nennen. Das deutet man als Wegführerin (deducatrix), weil Maria in jener Zeit zwei Blinden erschien, sie zu ihrer Kirche führte und ihnen das Augenlicht wiedergab. [Es war dort ein Blindenasyl.] Diese Ikone (...) malte der Evangelist Lukas, und sie wird an jedem Dienstag in Prozession mit Liedern und Hymnen durch die ganze Stadt geführt. Viele Leute begleiten sie, die Männer vorn und die Frauen hinten.« (nach einem lateinischen Katalog des frühen 12. Jh.)[56]

Der Glaube, so der Evangelist Johannes, ist der Weg zum Leben (1 Joh 4). Die Hodegetria als Begleiterin auf den Wegen des Glaubens wird als majestätische, geradeaus blickende Herrscherin abgebildet. Auf ihrem Schulter- und Kopftuch strahlen drei (manchmal auch nur zwei) Sterne – Symbole der ewigen Jungfräulichkeit Mariens (Abb. 1, 29; s. S. 51 ff.) vor, in und nach der Geburt. In Fortführung der Ikonographien der antiken Himmelsgöttinnen stehen sie für die drei Fixsterne: Spica (am südlichen Himmel; s. S. 152), Wega (in der Nähe des Nordpols) und Sirius (in der Mitte des Tierkreises). Diese Himmelssphären waren schon in der sumerischen Astralmythologie dem Vatergott Anu (Sirius), dem Sohn Enlil (Spica) und dem Geistgott Enki (Wega) zugeordnet, während die göttliche Urmutter und Himmelskönigin Ninchursanga, die auf dem kosmischen Weltenberg Thronende, alle Sphären als »Urgrundtiefe der Gottheit«[57] durchwirkt. Somit sind die drei Sterne auf dem Mantel der Hodegetria Ausdruck ihrer Herrschaft über Vergangenheit, Gegenwart und Zukunft – über das gesamte Leben. Aus eben diesem Grund ist ihr Mantel purpurfarben (s. S. 150) mit goldenem Saum, wobei das Gold Zeichen der ewigen, unveränderlichen Herrscherwürde ist. Die unrealistische Vergrößerung des kuppelförmigen Haupts der Muttergottes betont dessen Bedeutung als ›Sitz des Geistes‹, der alle Bereiche überragt.

Das Christuskind auf dem Arm seiner Mutter erscheint mit den Gesichtszügen eines ernsten Erwachsenen. Es trägt das golddurchwirkte Gewand des orientalischen Weisen, Ausdruck seiner priesterlichen und königlichen Macht und wendet sich dem Betrachter im Gestus des Pantokrator (Allherrscher) zu. Die rechte Hand hat es segnend erhoben, Daumen und Ringfinger gekreuzt – eine Fingerstellung, die folgende Buchstaben des griechischen Alphabets ergibt: ein I bildet der nach oben gerichtete Zeigefinger, ein C (= S) der leicht gekrümmte Mittelfinger, ein X (= Ch) formen Daumen und Ringfinger, während der kleine Finger wiederum ein C zeigt: ICXC, ›Iesus ist der Christus‹. Die beiden gekreuzten Finger sind auch Hinweis auf die beiden Naturen von Gott und Mensch in Christus, während die übrigen drei Finger zugleich die Heilige Dreifaltigkeit andeuten. In der linken Hand hält Christus eine Schriftrolle, Symbol des Evangeliums und des ›Buchs des Lebens‹, das der Evangelist Johannes in seiner Vision der Apokalypse (Offb 20, 12) erblickt und das Christus als Richter bei seiner Rückkehr am Ende der Zeiten aufschlagen wird. Auf dem Arm der mächtigen Hodegetria scheint das Christuskind engelgleich zu schweben. Sie deutet mit ihrer rechten Hand verehrend, empfan-

29 »Gottesmutter Hodegetria« (Smolenskaja), russisch, Ikonen-Museum Recklinghausen

gend und gebend in der Fürbittgestik (s. S. 217f.) auf das heilige Kind und weist so den Betrachtern den Weg zu Christus, der von sich sagt: »Ich bin der Weg, die Wahrheit und das Leben« (Joh 14, 6).

Ihre starke spirituelle Aussagekraft machte die Hodegetria im gesamten orthodoxen Glaubensbereich zum häufigsten Marienbild und zum »Symbol der Rechtgläubigkeit«[58]. In Rußland entwickelten sich aus ihrem Darstellungsschema weitere legendäre Ur-Iko-

30 »Maria mit dem Kind und Christus«, Böhmischer Meister, um 1360, Staatliche Kunsthalle Karlsruhe

nen, so die »Gottesmutter von Smolensk« und die »Gottesmutter von Tichwin«. Im Bereich des (römisch-)katholischen Abendlands kopierten und interpretierten zahlreiche bedeutende Maler die Hodegetria: So ist auch das berühmte Gnadenbild »Salus Populi Romani« (Abb. 1) in S. Maria Maggiore, Rom, eine solche Nachbildung.

Man glaubte, daß auf dem Urbild der Hodegetria in Konstantinopel der Geist Mariens ruhe und verehrte es als materialisierte Wohnstätte der Gottesmutter. Aufzeichnungen russischer Pilger berichten, daß während der wöchentlichen Dienstagsprozession der Heilige Geist, wahrnehmbar in der Gestalt einer Taube, auf das Bild niederstieg.

In der spirituellen Rezeption gilt die Hodegetria als vollendete »heilige Form«[59], die in der kontemplativen Betrachtung zur Hülle wird für die wahrhaft anwesende Gottesmutter mit ihrem heiligen Kind. Den geistigen Augen lebendig sichtbar, wird ihr Bild als Eingangstor zur himmlischen Welt erlebt.

> »Mit ganzem Herzen schreite auf sie zu,/mit voller Kraft halte ihre Wege ein!/Frage und forsche, suche und finde!/Hast du sie erfaßt, laß sie nicht wieder los!/Denn schließlich wirst du bei ihr Ruhe finden,/sie wandelt sich dir in Freude./Ihre Fessel wird dir zum sicheren Schutz,/ihre Stricke werden zu goldenen Gewändern./Ein Goldschmuck ist ihr Joch,/ihre Garne sind ein Purpurband./Als Prachtgewand kannst du sie anlegen,/sie aufsetzen als herrliche Krone.« (Sir 6, 26–32)

Zärtliche Madonna

Aus dem Bildtypus der Hodegetria entwickelte sich in spätbyzantinischer Zeit das Motiv der *Eleusa*, der *Erbarmungsreichen*, an die das Christuskind zärtlich seine Wange schmiegt. Daraus entstanden weitere Darstellungsweisen der »zärtlichen Mutter«[60], so der *Glykophilusa (Süßküssende)* oder *Kardiotissa (Herzende)*. Auch die Gotik und die ihr nachfolgenden Epochen griffen diesen Grundtypus der zärtlichen Mutter auf (Abb. 45) und entwickelten aus ihm die Gestalt der *stillenden Mutter*, der *Maria Lactans* (Frontispiz).

Als Eleusa ist Maria die große, sich erbarmende Mutter, die im Wissen um das spätere Leiden ihres Sohnes diesen voller Mitleid umfangt. Während das Kind ahnungslos spielt, reflektiert das Gesicht der Mutter Trauer, die Augen schwermütig in die Ferne gelenkt. Dabei handelt es sich, im Gegensatz zu den Darstellungen der Hodegetria, die den göttlichen Charakter des Kindes betonen, um eine Darstellung der Erniedrigung Christi. Maria wird hier in der kontemplativen Betrachtung zur Verkörperung der Liebe, die bereit ist – trotz allem zu erwartenden Leid – den Weg der christlichen Nachfolge anzunehmen. So stellt auch die kleine Bildtafel des böhmischen Meisters von Hohenfurt (um 1360), auf der das byzantinische Erbe mit dem Typus der Schönen Madonna zu verschmelzen beginnt, der sich erbarmenden Maria ein Bild des leidenden Christus mit seinen blutenden Wunden gegenüber (Abb. 30).

Der Dichter und Maler Albert Steffen (1864–1963) nimmt sich in einem Aquarell des Motivs der Eleusa an (Farbabb. 13). Eine Aura leuchtender Blumen umgibt sie, und ein Blütenstern krönt die heilige Frau, worin die mittelalterlichen Bildtraditionen der Hüterin des (Paradies-)Gartens anklingen (s. S. 140ff.). Das große Gesicht Mariens verschmilzt mit dem des Kindes nahezu in eine Herzform. Ihr weit geöffnetes, sichtbares Auge liegt in einer Linie mit den Augen Christi – Ausdruck und Sehweise von Mutter und Kind, von Geist und Seele verbinden sich.

Schmerzensmutter

Maria unter dem Kreuz

Das christliche Kreuz, mit einem (Sonnen-)Rad umgeben, galt den frühen Christen ursprünglich nicht als Zeichen für das Opfer Christi, sondern vielmehr als Licht- und Lebenssymbol für den in der Endzeit wiederkehrenden Christus und war damit Sinnbild der Erlösung für die gesamte Welt. Die christliche Interpretation führte uralte Traditionen der Kreuzsymbolik fort, die das Kreuz als

Lebensbaum, als Zeichen der vier Himmelsrichtungen im Sonnenkreis und vor allem als kosmisches Verbindungszeichen zwischen den Elementen und Lebensräumen von Himmel und Erde, geistiger und irdischer Welt deutete.

Bis ins 4. Jh. aber hatte man den Tod Christi nicht ikonographisch mit dem Kreuz verbunden. Der Tod am Kreuz galt als anstößig, wurden doch in der antiken Welt Sklaven und Schwerverbrecher derart bestraft. Den Wandel brachten die Nachforschungen der Kaiserin Helena († um 328), die zur Auffindung und Ausgrabung des ›wahren‹ Kreuzes in Jerusalem führten:

> »Von dieser Zeit an erwies man dem heiligen Kreuzholze die tiefste Verehrung.«[61]

Unter der Vielzahl der symbolträchtigen christlichen Kreuzesformen setzte sich das lateinische Kreuz mit dem nach oben verschobenen, kürzeren Querbalken durch. Eine der frühesten Darstellungen der Kreuzigung (um 430) ist ein kleines Elfenbeinrelief aus Oberitalien, unter dessen Kreuzesarmen neben anderen Gestalten Maria und der Apostel Johannes stehen. Die Gegenüberstellung von Maria und Johannes bezieht sich auf jene Schriftstelle im Johannes-Evangelium (Joh 19,2), die berichtet, der sterbende Christus am Kreuz vertraue seine Mutter der Obhut seines Lieblingsjüngers an. Maria ist auf dieser (wie auf ähnlichen Abbildungen) in ihren legendären Mantel gehüllt und weist mit trauerndem Gesichtsausdruck fürbittend zum Kreuz (s. S. 169, 217f.).

Bis in das frühe Mittelalter hinein bestanden aber weiterhin Vorbehalte, Christus am Kreuz voller Schmerzen und damit in seiner ganzen Menschlichkeit abzubilden. So zeigte man ihn vorerst voller Kraft, Schönheit und mit geöffneten Augen (Zeichen seiner wachenden Göttlichkeit), und doch wurde er schon damals zum Urbild des gefesselten und leidenden Menschen, der in die Spannungsfelder der Himmelsrichtungen, der vier Elemente und damit der gesamten materiellen Welt gestellt ist. Das Kreuz entwikkelte sich, da es die Bildfläche in Quadranten teilt, zu einem Gleichnis für die Strukturierung von ›Lebensräumen‹, die mit christlichen Lebensbildern ›ausgefüllt‹ wurden und in denen Maria eine bedeutende Rolle zukam. Für die Symbolik der Bildfläche im allgemeinen gilt:

»Kreuzigung«, 13. Jh., Byzantinisches Museum, Athen

> »Was in dieses Kraftfeld, in diesen Kosmos hineingestellt ist, sei es ein Schriftbild oder eine Baumzeichnung, wird, freilich im Sinne eines Gleichnisses, in Bezug zur Menschengestalt gemeint, zum Menschen, der vom eigenen Selbst aus einen Beziehungsversuch zu diesem Raum schaffen will, einen Raum, den er sich als außen vorstellt und den er zugleich in sich selber trägt.«[62]

Abendländische Interpretationen des Bildaufbaus ordnen die gesamte linke Fläche der Vergangenheit, Geburt, Introversion und damit auch dem Aspekt der Mutter zu. Die rechte Bildfläche gilt dagegen als Bereich von Zukunft und Extraversion, von Männlichkeit und dem Aspekt des Vaters.

So steht Maria in den Kreuzigungsszenen fast immer zur (weiblichen) Linken und Johannes zur (männlichen) Rechten des leidenden Jesus – und zwar im unteren Bereich des jeweiligen Bildes (Abb. 31). Maria versinnbildlicht durch diese Positionierung nicht nur die historische trauernde Mutter Jesu, sondern zugleich den Anfang seines Lebensweges – seine Geburt und Menschwerdung.

Mystisch betrachtet, verkörpert sie damit die ewige ›Mutter Erde‹, die »Mutter aller Lebenden« (Sir 40, 1) und wird zum Hinweis auf die irdische Herkunft und Vergangenheit alles Geschöpflichen, die Hinfälligkeit allen Seins, das voller Sehnsucht um Erlösung ringt (Röm 8, 22). So wird sie zur zentralen Fürbittgestalt der Christenheit ›unter dem Kreuz‹ erhoben.

Ihr steht im jugendlichen Johannes das Bild einer hoffnungsvollen Zukunft im Sinne des christlichen Entwicklungsweges gegenüber. Johannes steht für alle vom Heiligen Geist erfüllten Christen, die bereit sind, sich unter das Kreuz zu stellen und das Leiden – mit Gottes Beistand – zu ertragen. In der alten Evangelistensymbolik wird für Johannes als Träger des Wortes Gottes das Bild des Adlers gewählt – Symbol für das Element der Luft und des Himmelsraums. Johannes verweist damit auch auf das abschließende Ereignis im Leben von Jesus: die Himmelfahrt.

Zwischen diesen beiden existentiellen Aspekten des menschlichen Lebens – Geburt im Irdischen (Maria) und geistige Wiederge-

1 »Madonna von Zbraslav«, Böhmischer Meister, um 1350, Národní Galerie, Prag

2 »Begegnung an der Goldenen Pforte« (»Die Empfängnis der heiligen Anna«), russisch, E
16. Jh., Ikonen-Museum Recklinghausen

Strahlenkranzmadonna«, Meister des Londoner Gnadenstuhls, Leihgabe des Benediktiner-
:ifts St. Lambrecht, Steiermärkisches Landesmuseum Joanneum, Graz

Flucht nach Ägypten« (Ausschnitt),Adam Elsheimer, 1609, Alte Pinakothek, Bayerische
:aatsgemäldesammlungen, München

▷

›Mariä Empfängnis«, Bartolomé Esteban Murillo, um 1660–70, Museo del Prado, Madrid

›Pfingsten«, El Greco, 1603–07, Museo del Prado, Madrid

Die Menschwerdung«, Mittlerer Zustand des Isenheimer Altars, Mathias Grünewald, 513–15, Musée d'Unterlinden, Colmar ▷

8 »Die Himmelfahrt Mariä«, Guido Reni, 1631–42, Alte Pinakothek, Bayerische Staatsgemäl
sammlungen, München

9 »Madonna in den Erdbeeren«, Meister des Paradiesgärtleins, um 1425, Kunstmuseum S
thurn

11 »Maria im Engelmantel«, Jutta Ströter-Bender, 1987, Privatbesitz

◁
10 »Madonna mit Engeln und Heiligen«, Ambrogio Lorenzetti, um 1335, Municipio, Ma Marittima

›Gottesmutter, harte Herzen rührend«, Kusma Petrow-Wodkin, 1914/15, Russisches Museum, St. Petersburg

13 »Motiv mit Blumen«, Albert Steffen, nicht datiert, Albert Steffen-Stiftung, Dornach

burt durch ein Leben in Christus (Johannes) – ragt das Kreuz mit dem leidenden Christus empor: zum einen das Leiden eines jeden Menschen in der Gebundenheit der Materie verkörpernd, zum anderen und vor allem aber durch sein Opfer auf die Versöhnung aller Aspekte, auf die Hinführung zur ewigen Mitte hindeutend. Im Bild ist das Kreuz daher auch Ausdruck für die ewige Gegenwart des Göttlichen in der materiellen Schöpfung. So wird die schlichte Kreuzigungsszene zu einem der bedeutendsten christlichen Meditationsbilder überhaupt und zum Ausgangspunkt für Visionen und Offenbarungen, wie etwa in den Aufzeichnungen der heiligen Birgitta von Schweden (1303–73). Zu ihr spricht Maria über ihr »Stehen unter dem Kreuz«:

> »Denn ich war in seinem Leiden ganz nahe bei ihm und ließ mich nicht trennen von ihm. Ich stand ganz dicht an seinem Kreuze, und wie dasjenige schärfer sticht, was dem Herzen nahe ist, so war mir auch sein Schmerz härter als andern. (...) Darum sage ich kühn, daß sein Schmerz mein Schmerz gewesen, weil sein Herz das meinige war. Denn wie Adam und Eva die Welt für einen Apfel verkauften, so haben mein Sohn und ich die Welt gewissermaßen mit einem Herzen zurückerkauft.«[63]

In den mystischen Betrachtungsweisen des Mittelalters wird Maria unter dem Kreuz auch zum Urbild der ›Mutter Kirche‹, zur *Ecclesia.* Da in der Theologie vom mystischen Leib der Kirche alle Christen einen Teil des geheimnisvollen Leibes Christi bilden (Eph 5, 29f.), gelten sie zugleich als geistige Kinder der Muttergottes, die in universaler Mutterschaft bittend und flehend unter den blutenden Wunden ihres Sohnes für ihre Geistkinder eintritt. In einer der Visionen der heiligen Hildegard von Bingen, illustriert in der 15. Tafel des Rupertsberger Kodex (entstanden um 1165), verbindet sich die unter dem Kreuz fürbittende Maria Ecclesia mit der Dimension der Priesterschaft und dem heiligen Altarsakrament (Abb. 32). Die Seherin hört, wie eine Stimme vom Himmel zu Christus am Kreuz spricht:

> »›Diese mein Sohn, sei Dir Braut zur Wiederherstellung meines Volkes! Sie soll ihm Mutter sein. Den Seelen schenke sie das Leben durch die erlösende Wiedergeburt aus dem Geiste und dem Wasser.‹«[64]

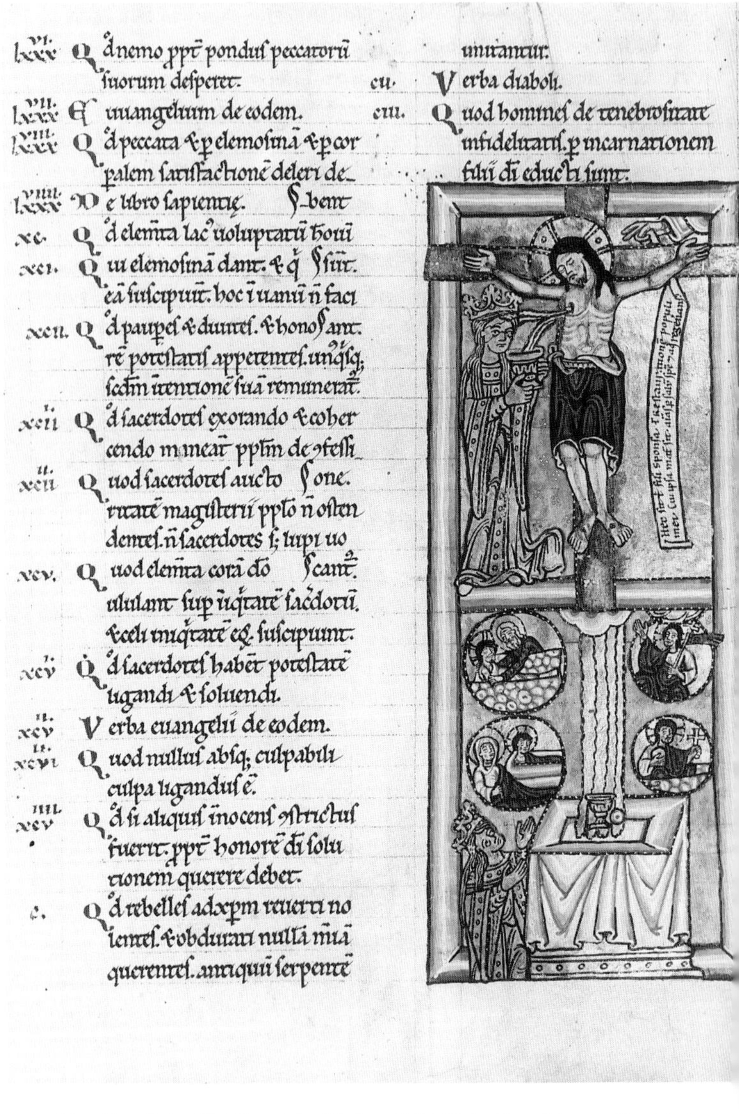

32 »Das Opfer Christi und der Kirche«, Tafel 15 der Rupertsberger illuminierten Scivias-Handschrift, um 1165, (seit 1945 verschollen) Hessische Landesbibliothek Wiesbaden

Aus dem Motiv der leidenden Maria entwickelte sich während der Pestepidemien im 14. Jh. die sogenannte *Pietà:* Maria hält als trauernde Mutter den toten Sohn nach der Kreuzabnahme in den Armen oder auf dem Schoß. Der Name Pietà kürzt die italienische Bezeichnung ›Maria Sanctissima della Pietà‹ (›Die heiligste Maria vom Mitleiden‹) ab, in Deutschland wird dieser Typus auch – nach der Karfreitagsvesper – *Vesperbild* genannt. Diese Station im Leben Mariens bereitet in den Bildzyklen die Grablegung Jesu vor. Der Schoß der Schmerzensmutter verweist auf das Element Erde, in welches der tote Sohn im Grab der Felsenhöhle zurückgegeben wird (s. S. 74), bevor er aufersteht.

Ikonographisch läßt sich die Pietà in die Tradition der großen trauernden und klagenden Fruchtbarkeitsgöttinnen der Religionen des antiken Mittelmeerraums stellen, deren Schmerz in den alljährlichen Vegetations- und Fruchtbarkeitskulten die Vergänglichkeit des Menschen beklagte, auch wenn hinter diesen Ritualen das Wissen um die ständige Regeneration der Schöpfung stand, um das Geheimnis der Wiedergeburt. Es sind die weiblichen Gottheiten, die in den alten Mythen ihrem von dunklen Mächten getöteten göttlichen Geliebten in die Unterwelt nachfolgen und ihn bei der Rückkehr aus dem Totenreich liebreich empfangen. Erhaltene Darstellungen der Isis zeigen die ägyptische Göttin, wie sie ihren toten Gemahl und Geliebten Osiris auf dem Schoß hält. Auch Isis verkörperte das Gesetz der beständigen Erde, während Osiris das Blutopfer symbolisierte, das zur Versöhnung der Mächte des Todes und der Unfruchtbarkeit vergossen wird. Viele dieser alten Bilder blieben im Volksglauben des Mittelmeerraums lebendig und wurden in den östlichen Kirchen auf Maria übertragen.

Die Gestalt der schmerzensreichen Mutter sollte dann in der Mystik des heiligen Bernhard von Clairvaux (1091–1153) und 100 Jahre später im Werk des heiligen Franz von Assisi (1181/82–1226) neue Aufmerksamkeit erfahren. Volkstümliche Mysteriendichtungen und Schauspiele zur Passionszeit räumten der Marienklage einen neuen Stellenwert ein. Schließlich aber war es der ›schwarze Tod‹, der in den Jahren um 1350 im Abendland eine Bußbewegung vorher unbekannten Ausmaßes hervorrief, welche die Schmerzens-

33 »Vesperbild«, Karl Caspar, 1916/17, Mitteltafel des Passionsaltars in der Krypta des Doms zu Unserer Lieben Frau, München

mutter in den Mittelpunkt ihrer Verehrung stellte. Betont wurde die Teilhabe Mariens am beschwerlichen und bitteren Leben der Menschen. Die Leidgeprüften fanden ihre Schmerzen in dieser Schicksalsstation Mariens wieder. Darüber hinaus ging es jedoch um die Transzendierung des Leidens, um die spirituelle Reflexion eines Seelenzustandes der Ruhe und Geborgenheit nach dem Todeskampf, der die Grablegung und Auferstehung vorbereitet. In mystischer Schau wurde gestalthaft die Vorbereitung der ›geistigen Wiedergeburt‹ im Himmel beschrieben, in der die Seele abermals im Schoß der ewigen Mutter ruht (s. S. 141).

In der apokalyptischen Stimmung des ausgehenden Mittelalters blieb das Motiv der Pietà weiterhin populär. Künstler wie Lucas

Cranach (1472–1553), Albrecht Dürer (1471–1528) oder Hans Baldung genannt Grien (1484/85–1545) griffen das Thema auf. Maßgebend für seine weitere Verbreitung in der Neuzeit wurde ein Kupferstich von Carl Gustav Amling (1651–1702), der sich an einem Gemälde von Willem Key (Alte Pinakothek, München, nach 1550) orientierte. Dieses Bild führte den hilfesuchenden Gläubigen vor Augen, daß Maria ihnen als mütterliche Begleiterin in aller Not beisteht, selbst in den dunkelsten Stunden des Lebens. Auch wenn die Barockzeit Maria auf den gewaltigen Hauptaltären als Immaculata verehrte, erhielt sich für die stille Andacht in den Nischen der Kirchen und Kapellen die Pietà, deren Verbreitung durch die Erschütterung des menschlichen Daseins im Verlauf des Dreißigjährigen Krieges noch einmal gefördert wurde.

Aus diesem ikonographischen Erbe schöpfte Karl Caspar (1879–1956), als er 1916/17, während des ersten Weltkrieges, die Pietà zum Hauptmotiv seines Passionsaltars in der Krypta des Münchner Doms wählte (Abb. 33). Im expressionistischen Stil zeichnete er die Gestalt der heiligen Mutter auf zwei sich durchdringenden Ebenen als Symbol des gläubigen Menschen und als Personifikation der Kirche, welche

> »die Summe der Leiden des Herrn darbietet und darreicht, indem sie den toten Sohn auf ihrem Schoß hält und damit die Passion Christi in kultische Bewegung setzt«.[65]

Ein düsteres Bild, dessen Farbgebung an Erde und Asche gemahnt. Mariens Gestalt, gehüllt in einen weiten, aschfarbenen Mantel, weckt Assoziationen an die großen Erdgöttinnen der Vorzeit, deren geöffneter Schoß das Leben gab und wieder aufnahm.

Maria mit den Sieben Schwertern
(Festtage: Freitag vor Palmsonntag und 15. September)

Maria mit den Sieben Schwertern (im Herzen) ist eine weitere Form der Schmerzensmutter. Mitte des 13. Jh. hatten die sieben Gründer des Servitenordens eine Vision, in der ihnen die Muttergottes erschien und das Geheimnis ihrer Sieben Schmerzen offenbarte.

Die Sieben Schmerzen verbinden sich mit folgenden Lebensstationen Mariens: Prophezeiung des greisen Simeon im Tempel, Flucht nach Ägypten, Suche nach dem zwölfjährigen Jesus im Tempel, Begegnung mit dem verurteilten Jesus am Kreuzweg, Kreuzigung Jesu, Kreuzabnahme, Grablegung Jesu.

Bei der bildlichen Umsetzung des Themas werden diese einzelnen Schmerzensstationen häufig um die Schmerzensmutter gruppiert, manchmal in Mandala-ähnlichen Kreisen, die zu einzelnen Bildmeditationen einladen und an die Struktur des Rosenkranzgebets erinnern. Andere Bilder zeigen zusätzlich oder statt dessen die trauernde oder klagende Maria mit einem oder sieben Schwertern im Herzen.

Formal erinnert sie an die Immaculata, ihre ikonographischen Wurzeln liegen u.a. bei Aelbert Bouts (1460–1549).

Das Motiv der Mariä Schmerzen fand in der Volksreligiosität schnelle Verbreitung. Die offizielle Anerkennung des Bildthemas im ausgehenden 16. Jh. (Gegenreformation) führte zur Gründung zahlreicher Bruderschaften, die sich der Andacht und Verehrung der Maria mit den Sieben Schwertern weihten.

Die Marienmystik schreibt der intensiven Betrachtung der sieben Schmerzensstationen eine große läuternde Kraft zu, wächst doch der Betrachtende mit jedem Aspekt mehr und mehr in das Leben Jesu hinein, das gleichsam durch die Perspektive der stillen und barmherzigen Mutter gesehen und durchlebt werden darf. Dabei geht es in spiritueller Schau der Sieben Schmerzen um die läuternde Kraft von Schmerzensstationen auf dem geistlichen Reifungsweg des christlichen Mystikers, dessen Stufen häufig im Sinne der heiligen Zahl Sieben strukturiert sind. Im Alten wie im Neuen Testament wird die Zahl Sieben immer wieder genannt; man denke an den siebenarmigen Leuchter im Jerusalemer Tempel, an die sieben Augen Gottes (Sach 4, 10) oder die sieben Säulen im Hause der Sophia, an die sieben Bitten des Vaterunsers, an die sieben Gaben der Barmherzigkeit und des Heiligen Geistes sowie an die sieben Sakramente. Das Bild der Schwerter steht hierbei nicht einfach für die göttliche Gewalt, sondern vor allem für die unterscheidende – und damit auch schmerzende – Macht des göttlichen Wortes, welches das Herz als Sitz der Seele durchdringt (Hebr 4,

34 »Schmerzensmutter am Kalvarienberg«, Öldruck von 1892, Privatbesitz

12). In dieser Konfrontation mit dem Göttlichen muß der Mensch – wie sein Vorbild Maria – schmerzensreichen Abschied nehmen von liebgewordenen Vorstellungen und Gewohnheiten, von Wünschen und Sehnsüchten, wenn er dem Willen Gottes folgen möchte. In diesem Sinn sagt Jesus:

> »Ich bin nicht gekommen, um Frieden zu bringen, sondern das Schwert.« (Mt 10, 34)

Maria mit dem siebenfach durchbohrten Herzen verweist damit die Gläubigen als mitleidende Wegbegleiterin auf die heiligen Etappen der schmerzhaften ›Loslösung‹ von weltlichen Vorstellungen.

> »Der Mensch muß auch erst sterben, um dann die Auferstehung im Geistigen zu erleben«, schreibt Rudolf Steiner. »Nur wer das Haften am Vergänglichen überwindet, der kann selbst unvergänglich werden, wie die ewigen Urbilder (...)«[66]

Das geöffnete Herz Mariens wird, wie die Seitenwunde ihres Sohnes Jesu, in mystischer Schau zum Quell der Gnade, aus dem nun die Kräfte des Himmels auf die Gläubigen strömen. So sagt Maria zu einer Visionärin (1972):

> »Ihr wißt nicht, was es heißt, den Seelen Mutter zu sein! Auch mein Herz ist gespalten! – Ich habe die ganze Tiefe durchlitten, darum bin ich euch KÖNIGIN geworden.
>
> Ich will euch einmal meine Liebe zeigen, wie sie aus meinem Herzen strömt. Alle Gnaden fließen mir vom Sohn zu. – Am Kreuz ist die Wunde aufgebrochen und ergoß sich in mein Herz.«[67]

Berühmt wurde in der Schmerzensmystik um Maria das portugiesische Gnadenbild (18. Jh.) der Jerusalemer Grabeskirche. Ein Öldruck dieses Bildes, von der Franziskanergemeinschaft Jerusalem im Jahre 1892 als einzig autorisierter Abdruck an die Pilger verkauft, zeigt das Marienbild am Wallfahrtsort im kultischen Umfeld (Abb. 34). Mit leidendem Gesichtsausdruck hält die reich geschmückte Gnadenfigur die Hände vor dem Herzen, das allerdings hier ›nur‹ von einem Schwert mit Kreuzesgriff durchstochen ist. Prächtige Opfergaben, goldene und silberne Votivherzen umgeben Maria, nicht nur als Ausdruck von Liebe und Dankbarkeit, sondern auch von vollkommener Hingabe an die Vermittlerin himmlischer Gnade.

Im Kreis der Apostel

(Festtag: Königin der Apostel am Samstag in der Oktav von Christi Himmelfahrt)

Pfingsten

In der christlichen Urgemeinde wurde das Pfingstfest als Gründungstag der Kirche gefeiert. Aus dem Syrien und Palästina des 6. Jh. stammen die ältesten erhaltenen Darstellungen des Pfingstwunders, welche die Herabkunft des Heiligen Geistes auf die Apostelversammlung zeigen. Hier steht die Mutter des Herrn inmitten der Apostel und hebt die Arme zum Himmel empor (Gebetshaltung der Orantin; s. S. 211 ff.), um das Feuer des Heiligen Geistes zu empfangen – ein Kompositionsschema, das byzantinischen Darstellungen der Himmelfahrt ähnelt, die Maria ebenfalls zur zentralen Bildgestalt erheben.

Im abendländischen Mittelalter griff man seit dem 13. Jh. diese frühe Kompositionsform wieder auf, um so die Maria Ecclesia, Maria als Mutter der Christenheit (Mutter Kirche), darzustellen (s. S. 192 ff.). Ein beeindruckendes Beispiel gibt uns Sandro Botticellis (1445–1510) Gemälde »Die Herabkunft des Heiligen Geistes« (Abb. 35). Die Silhouette von Körper und Gewand Mariens wirkt wie ein geöffneter Mutterschoß, zugleich aber auch wie ein ›lebendiges Herz‹, das sich ›nach oben‹ öffnet und den Mittelpunkt der Gemeinschaft bildet.

Dichte und Struktur solcher Pfingstdarstellungen machen sie zu bedeutenden Interpretationen des Mysteriums der geistigen Wiedergeburt, einem der zentralen Ereignisse im Leben eines Christen:

> »Ich sage dir: Wenn jemand nicht aus Wasser und Geist geboren wird, kann er nicht in das Reich Gottes kommen.« (Joh 3, 5)

Während die Wassertaufe (in Erinnerung an die Geburt aus dem Fruchtwasser der Mutter) den Beginn des christlichen Weges – in die materielle Welt hinein – kennzeichnet, markiert die Taufe mit dem Feuer des Heiligen Geistes die geistige Wiedergeburt. Sie ist Konfrontation mit den Kräften der himmlischen Welt und absolute Begegnung und Durchdringung mit den göttlichen Energien.

35 »Die Herabkunft des Heiligen Geistes«, Alessandro Filipepi Botticelli, 15. Jh., Birmingham City Museum and Art Gallery

36 »Die Herabkunft des Heiligen Geistes«, Hans Fries, um 1506, Innenseite eines Flügels des sogenannten Bugnon-Altars, Depositum der Gottfried Keller-Stiftung, Museum für Kunst und Geschichte, Freiburg (Schweiz) ▷

Das Feuer des Heiligen Geistes bringt denjenigen Menschen, die es ›entflammt‹ (Röm 12, 11) nicht den Tod, sondern die ›Ewigkeitssicht‹ des Lebens und macht sie frei, nach den Gesetzen göttlichen Geistes zu leben, was von Mystikern immer wieder mit dem Erleben einer neuen Geburt verglichen wird.

Im späten abendländischen Mittelalter werden, beeinflußt von verschiedenen mystischen Strömungen, Andachtstafeln entworfen, die das Pfingsterlebnis als Einbruch der Transzendenz und der feurigen Energien des Heiligen Geistes in sehr persönlicher Weise wiedergeben. In die lebendigen und eindringlichen Kompositionen können die Betrachter gleichsam ›einsteigen‹, um die Herabkunft

des Heiligen Geistes mitzuerleben. Damit besitzen diese Pfingstbilder einen utopischen und politischen Aspekt, zeigt doch die Szene, daß der göttliche Geist direkt – ohne Vermittlung kirchlicher Autoritäten – auf den ›einfachen‹ Gläubigen herabsteigen kann (2 Kor 3, 17). Bedenkt man dies, so erkennt man, daß die dominante Gestalt Mariens in den Bildern von Pfingsten (Farbabb. 5; Abb. 36) – wenn auch mehr oder weniger unbewußt – ein elementares Moment der Kritik an der männlich ausgerichteten Kirchenhierarchie beinhaltet. Die ›Mutter aller Christen‹ wird hier zur personifizierten Hoffnung auf jenes schon in der Bibel genannte Zeitalter des Heiligen Geistes, für das die Wiedertäufer mit den Aufständischen der Bauernkriege im frühen 16. Jh. kämpften und starben.

Auf vielen Pfingstdarstellungen überschattet eine Taube, Symbol des Heiligen Geistes, die Muttergottes. Der Vogel erinnert zwar an die Rückkehr jener legendären Taube, die Noah den Olivenzweig als Zeichen der neuen Erde überbrachte, da sie aber im gesamten Kulturbereich der Antike als Sinnbild der Ishtar galt, der Göttin der Liebe, distanzierte sich die byzantinische Kirche von dieser Darstellungsweise.

Von der Taube gehen häufig sieben (s. S. 118) Strahlen aus, welche für die Sieben Gaben des Heiligen Geistes (1 Kor 12, 8–11) stehen: für die Fähigkeit, Weisheit und Erkenntnis zu vermitteln, für Glaubenskraft und Heilungskraft, Wunderkraft und Prophetie, für die Fähigkeit, Geister zu unterscheiden, für die Zungenrede und ihre Deutung.

Die enge Beziehung zwischen Maria und Sophia wird in Pfingstdarstellungen des ausgehenden Mittelalters durch die sieben Säulen im Innenraum des Erleuchtungsgeschehens hergestellt, nach dem Weisheitsspruch des Alten Testaments:

> »Die Weisheit hat sich ihr Haus gebaut, hat ihre sieben Säulen aufgerichtet.« (Spr 9, 1)

Die zwölf Apostel, die Maria auf Pfingstbildern umgeben, erinnern auch an jene zwölf Sterne, die als Aura das Haupt Mariens schmükken (in Anlehnung an die Beschreibung der Apokalyptischen Frau; Offb 12, 1). In vielen Kulturen gilt die Zwölf als Zahl der Vollkommenheit, vereinigt sich doch in ihr die Gesamtzahl der Sternbilder im Jahreskreislauf. Die zwölf Apostel lösen als neue Repräsentanten des Gottesvolkes die Vertreter der zwölf Stämme Israels ab, werden so auch zu den Hütern der zwölf Tore des Himmlischen Jerusalem; ihre Gegenwart verbindet irdische und himmlische Welten.

So wählt man für die Pfingstkomposition gerne den Kreis als Grundstruktur (s. S. 189), etwa auf dem Bild eines westfälischen Meisters (um 1380; Abb. 37). Maria und der Lieblingsjünger von Jesus, Johannes der Evangelist, sitzen sich hier gegenüber. Johannes bildet den Anfang der kreisförmig angeordneten Apostelgruppe, deren Ende und Ziel die Mutter des Herrn ist. Der Heilige Geist bringt die Hostie, Symbol der Gemeinschaft mit Christus und Anteilhabe an seiner Tischgemeinschaft. Neben dem Gold des Hintergrundes und des hostienförmigen Tisches, den Gnadenstrahlen gliedern, so daß er wie ein Himmelsrad (Sonnensymbol

37 »Pfingsten«, Westfälischer Meister, um 1380, vom rechten Flügel eines Altars aus Osnabrück, Wallraf-Richartz-Museum, Köln

und Zeichen der ewigen Gottheit) erscheint, dominiert in den Gewandfarben Rot (für Liebe, Erleuchtung und Ergriffenheit), komplementär dazu Grün (als Farbe des Heiligen Geistes; s.u.) und dunkles Tiefblau, das den meditativen Zustand einiger Apostel symbolisiert. Die Apostel sitzen auf einem grasgrünen Podest, dessen Farbe hier die Wachstumskräfte des Heiligen Geistes (in der Frühlingszeit des Hochfestes Pfingsten) zitiert. In ihrer Gesamtstruktur wirkt die Gruppe wie ein breites, nach oben geöffnetes Gefäß und wird so zum Sinnbild der empfangenden Gemeinschaft, die mit den Kräften des Heiligen Geistes erfüllt wird.

El Greco (1541–1614) malte 1603–07 für das Colegio de Doña María, Aragón, ein monumentales Bild der Pfingstszene (Farbabb. 5). Maria steht hier noch – ganz in traditioneller Darstellungsweise – im Zentrum der Komposition. Die längliche Bildtafel gliedert sich in die drei Ebenen von Materie, Seele und Geist (von unten nach oben), die alle in das Ereignis einbezogen sind. Die aufwärts geöffneten Arme zweier verzückter Apostel geleiten den Betrachter aus dem Vordergrund zur mittleren Ebene, wo Maria, wie man es ähnlich auf Himmelfahrtsbildern dieser Epoche findet, in der Mitte der Apostel zu schweben scheint. ›Grünes Licht‹ überflutet die gesamte Szene: Das »edelste Grün, (...) Lebenskraft aus Gottes Hand«[68] ist die alte Symbolfarbe des Heiligen Geistes.

> »Der lebendige Geist geht aus, wird grünender Leib und bringt seine Frucht«[69] (Hildegard von Bingen).

In der Darstellung El Grecos hebt sich Maria aus den Licht- und Farbenwogen der Apostelgewänder durch die Kultfarben ihrer grell-leuchtenden Kleidung hervor: Sie trägt ein purpurrotes Gewand (Ausdruck ihrer Geist-Natur) und einen himmelblauen Mantel (Farbe der himmlischen Schöpfung, des kosmischen Ursprungs, Symbolfarbe des Gottesfriedens und der ewigen Glückseligkeit; s. S. 148ff.). Ihre gefalteten Hände weisen nach oben, zur Lichtkuppel des Heiligen Geistes. Maria ist hier nicht mehr nur Personifikation der Ecclesia, sondern gleichsam Symbol der ergriffenen, ekstatischen Seele.

Die Barockzeit integriert das verbreitete Pfingstmotiv in die lichtdurchfluteten Deckenfresken der Kirchengewölbe und taucht die Gläubigen in die ›Raumhülle‹ des Erleuchtungsgeschehens ein.

Heimgang
(Festtag: Mutter der Sterbenden am vierten Sonntag im Oktober)

Zum Tod Mariens geben weder die Evangelien noch die Apostelgeschichte Hinweise. Die Kirchenväter enthielten sich lange eindeutiger theologischer Aussagen zum Tod der Gottesmutter. So schrieb der Bischof von Zypern Epiphanios von Salamis († 403) im Jahr 377, daß die Umstände des Todes von Maria aufgrund der Quellenlage nicht zu klären sind.

> »Die Schrift schweigt einfach über das große und wunderbare Geschehen, um nicht die Gedanken der Menschen in Verwirrung zu stürzen. Auch ich wage nicht davon zu sprechen, sondern sinne nach und beobachte mit Stillschweigen.«[70]

Damit antwortete er auf die Spekulationen in volkstümlichen Legenden, die sich um den Tod Mariens zu ranken begannen.

Im 5. Jh. setzte sich mit der wachsenden Marienverehrung aber dennoch die in frühen Legenden bereits formulierte Überzeugung durch, daß Maria bei ihrem Tod mit Leib und Seele in den Himmel aufgenommen wurde. Im 7. Jh. war diese Auffassung bereits allgemeines Glaubensgut geworden. In diese Entwicklung flossen Traditionen aus der ägyptischen Religion mit ein, in der Kulte um die Einbalsamierung und Herstellung eines ›unvergänglichen Seelenkleides‹ eine lange Geschichte besaßen. Einzelne christliche Regionalkirchen feierten seit dem 4. Jh. das Gedenken des Marientodes. Kaiser Maurikios (reg. 582–602) erklärte das Fest der *Koimesis* (Entschlafung) für das gesamte Reich am 15. August für verbindlich (im Abendland bis heute *Mariä Himmelfahrt*). Im Zyklus der Jahreszeiten findet das Fest seine Entsprechung im Abschluß der Getreideernte (sinnbildlich ›Früchte des Lebens‹), Ankündigung des nahenden Herbstes, der in seiner Symbolik die Zeit des Übergangs, die Transformation in einen anderen Zustand bedeutet.

Darüber hinaus ließ sich das Fest damals in Bezug setzen zu einem Geschehen am Sternenhimmel: Im Altertum zog die Sonne während der Augustwochen am Madonnenstern Spica (Sternbild Jungfrau) vorüber, und der Fixstern, zum 15. des Monats am frühen Abendhimmel sichtbar, schien in den Strahlen der untergehenden Sonne zu verschwinden. Am 8. September, dreieinhalb

Wochen später, tauchte die Spica am Morgenhimmel in den Strahlen der aufgehenden Sonne wieder auf, weshalb man das Fest von Mariä Geburt auf diesen Tag legte (s. S. 56).

Die volkstümlichen Legenden wiesen bereits im 6. Jh. eine feste Struktur auf, in der die einzelnen Phasen der Koimesis (Entschlafung) zusammengefaßt wurden. Diese Passagen sind – zumindest in einzelnen Aspekten – dem Leiden und Sterben, der Auferstehung und der Himmelfahrt Jesu angeglichen. Die Legenden sind sich nicht über den Sterbeort Mariens einig; manche nennen Jerusalem, andere Ephesos, den Wohnort Apostel Johannes'. Einhellig aber erzählen sie, daß Christus seiner Mutter drei Tage vor ihrem Tod erschien, um sie auf ihren Heimgang vorzubereiten. In manchen Legendenfassungen weint Maria und wird von Angst überwältigt. Sie geht zum Gebet auf den Ölberg und fleht um göttlichen Beistand, damit die Dämonen in der Sterbestunde keine Gewalt über sie erlangen. Danach ordnet Maria alle ihre Angelegenheiten und regelt die Verteilung ihrer wenigen irdischen Güter. Christus erfüllt den Wunsch seiner Mutter, nicht einsam dahinzuscheiden, und holt die Apostel von überall her in ihr Sterbegemach. Er selbst tritt schließlich mit den Engeln und Heiligen an ihr Todeslager und empfängt ihre Seele, um sie in die ewige Heimat zu führen.

> »Und der Herr sprach: ›Komme, du Auserwählte, kostbare Perle, tritt ein in die Wohnung des ewigen Lebens.‹ (...) Und als der Herr diese Worte gesprochen hatte, erhob sich die Jungfrau (die sich zuvor zum Gebet niedergeworfen hatte), streckte sich auf ihr Bett und gab ihren Geist auf, indem sie Gott Dank sagte. Da sahen die Apostel einen solchen Glanz, wie ihn keine menschliche Zunge zu schildern vermag, denn er übertraf die Weiße des Schnees und die Helle des Silbers.«[71] (Apokryphon des Bischofs Melitos von Sardes; † um 180)

Drei Tage nach der feierlichen Grablegung wird der heilige Leichnam auf wundersame Weise mit der Seele Mariens wiedervereinigt und fährt, von Christus und den Engeln begleitet, vor den Augen der Apostel in den Himmel auf.

Bereits im 4. Jh. ließ Kaiser Theodosius I. am legendären Mariengrab im Garten Gethsemani, Jerusalem, eine Gedächtniskirche erbauen – Zeichen der frühen volkstümlichen Verehrung der Himmelfahrt Mariens.

Die Struktur der Legenden gibt symbolisch die Ablösungsphasen sterbender Menschen wieder, wie sie heute aus der Sterbeforschung bekannt sind. Dadurch wird die ›heimgehende‹ Maria in den volkstümlichen Betrachtungen zum allgemeinen Vorbild des sterbenden Menschen, der auf den Beistand von Christus, der Engel und auf die Gebete der Gläubigen (Apostel) zählen darf. Durch solche mündlichen oder Bilderzählungen lernten bereits die Kinder, den Tod als einen Bestandteil ihres Lebens aufzufassen und sich darauf vorzubereiten, daß das Leben danach auf einer anderen Ebene weitergeht.

Bereits im 6. Jh. entnahm man den Legenden die Motive für Kompositionen von der Entschlafung Mariens, die dann bis in das 11. Jh. die Darstellungen im byzantinischen Einflußbereich prägten. Die Bilder illustrierten zum einen vorbildhaft das Sterbegeschehen, zum anderen verherrlichten sie die Gottesmutter, lobpriesen ihre Aufnahme in den Himmel und ihre fürbittende Macht.

Die Koimesis in der byzantinischen Malerei

In der morgenländischen Bildtheologie setzte sich nach dem Ende des Bilderstreits eine Kompositionsstruktur der Koimesis durch, die vorikonoklastische Elemente integrierte und durch die Hinzufügung einzelner Legendenpassagen erweiterte. Seit dem 13. Jh. kann man von einem klassischen Typus sprechen, der bis in die Gegenwart theologische Gültigkeit besitzt und die Vorlage bildet für die Festtagsikonen zum Entschlafungsfest. Das Bildprogramm formuliert sich im Vespergesang am Vorabend des Festes der Koimesis:

> »Kommt alle von den Enden der Erde,/damit wir die Aufnahme der Gottesmutter preisen./Sie legte in die Hände des Sohnes ihre reine Seele./Ob ihrer heiligen Entschlafung/wird die Welt mit neuem Leben erfüllt/und begeht mit Psalmen, Hymnen und geistlichen Liedern/mit den Körperlosen und den Aposteln voll Freude/das Fest ihrer heiligen Entschlafung.«[72] (Germanus von Konstantinopel; † 730)

Eine große russische Ikone des 16. Jh. zeigt Entschlafung und Himmelfahrt Mariens ganz im Sinne der byzantinischen Tradition. Einzigartig ist diese Darstellung (Abb. 38), weil sie die spirituelle Transformation und Aufwärtsentwicklung vom materiellen Körper zum Seelenleib und dann zum geistigen Körper, wie sie sich gemäß der christlichen Auferstehungstheologie vollzieht, im Bild Stufe für Stufe wiedergibt. Die biblischen Schriften erwähnen im Kontext der Auferstehung der Toten nach der Wiederkunft Christi neben dem jenseitigen Seelenleib aller Verstorbenen auch einen neuen, verklärten Auferstehungsleib, in dem sich Seelenkörper und ehemaliger irdischer Leib zusammenfügen (Kor 15, 38–58; Offb 20, 5f.).

> »Man muß bei der Auferstehung die Beziehung zwischen Geist, Seele und Leib als Widerspiegelung der Heiligen Dreifaltigkeit verstehen, d.h. als Wiederherstellung des Ebenbildes und Gleichnisses Gottes. Das bedeutet, daß die Beziehung zwischen Geist, Seele und Leib bei der Auferstehung derjenigen Beziehung entsprechen wird, die zwischen dem Vater, dem Sohn und dem Heiligen Geist besteht. Der Mensch wird dreieinig sein, wie Gott dreieinig ist. Seine ewige Individualität wird die Einheit sein, die seinem Geist, seiner Seele und seinem Leib zugrunde liegt.«[73]

Entsprechend wird Maria auf den verschiedenen Bildebenen der Ikone (von unten nach oben) insgesamt dreimal dargestellt – in ihrer körperlichen, seelischen und geistigen Gestalt.

Im Vordergrund des Bildes, der ›weltlichen Ebene‹, ruht sie in ihrer irdischen Gestalt auf einer hohen, altarähnlichen Lagerstatt, von den trauernden Aposteln und Engeln umringt. Auf ein leuchtend rotes Tuch gebettet, erinnert Maria hier an Darstellungen auf den Weihnachtsikonen. Wiederum geht es um eine Geburt, diesmal um die Geburt ihrer Seele in den Himmel. Anders als bei den Ikonen von der Geburt Christi fehlen nun Fels und Erde (s. S. 74f.). Der Weg ist vorbereitet und die Pforte zum Himmel steht – durch den Tod und die Auferstehung Christi – offen.

Auf der zweiten Bildebene, fast im Mittelpunkt des Bildes, erscheint Maria als neugeborenes Seelenkind. In weiße Tücher gewickelt, wird sie von Christus im Arm, an seinem Herzen, getragen. Christus erscheint hier über dem Sterbelager im goldenen Lichtgewand der Auferstehung als Sieger über den Tod. Eine mehrschichtige Engelaureole umgibt ihn, in ihrer Struktur eine Himmelspforte bildend. Innerhalb des ›Engelscheins‹ zeigen sich die Erzengel und im folgenden Kreis der Aureole Seraphim und Cherubim, die hier auch die Anwesenheit der göttlichen Prinzipien

Entschlafung Mariens«, russisch, Anfang 16. Jh., Russisches Museum, St. Petersburg

von Liebe und Weisheit repräsentieren. Indem die Seele Mariens als Kind gezeigt ist, werden die Gläubigen an die Worte Jesu erinnert:

> »Wenn ihr nicht umkehrt und wie die Kinder werdet, könnt ihr nicht in das Himmelreich kommen.« (Mt 18, 3)

Die Kindgestalt der Seele eines Verstorbenen findet sich als Bildmotiv bereits in ägyptischen Werken, die Szenen des Übergangs vom Diesseits zum Jenseits zeigen. Und die germanische Mythologie kennt die ›Kinderseelen der Verstorbenen‹, die bis zu ihrer Wiedergeburt auf Erden im ›Engelland‹ der großen Göttin Freya (Holda) leben.

39 »Der Tod der heiligen Clara«, Meister von Heiligenkreuz, um 1410, Samuel H. Kress Collection, National Gallery of Art, Washington

In den Sterbedarstellungen der christlichen Kunst erhält sich das Bild von der Seele als Kind bis in die Neuzeit hinein und korrespondiert mit Aufzeichnungen visionärer Erlebnisse an Sterbebetten. So orientieren sich Bilder christlicher Sterbeszenen im Mittelalter häufig am Aufbau der Koimesis (Abb. 39).

Im Rahmen der byzantinischen bzw. russischen Koimesis-Darstellungen steht das mit weißen Tüchern festgebundene ›Seelenkind‹ Maria – innerhalb einer christlich-visionären Perspektive – für das Idealbild einer heiligen Seele, die sich vollkommen Christus überantwortet hat, um sich von diesem für das ewige Leben ›neu binden‹ zu lassen. So wird im spirituellen Kontext das Pfingstgeschehen fortgesetzt, die geistige Wiedergeburt (s. S. 121ff.). Ein Aspekt, der sich auch in der Farbe des Heiligen Geistes widerspiegelt, dem feurigen Rot, in dem die gesamte Komposition der Ikone aufleuchtet.

Oberhalb der Engelaureole Jesu erscheint die thronende Maria in ihrem Auferstehungsleib, ebenfalls von einer Aureole umgeben. Die heilige Mutter streckt die Hände in der Geste des Empfangens und Gebens aus, als ewige Fürbitterin und Vermittlerin zwischen Gott und Mensch. Über ihr öffnet sich das rote Himmelstor, das zu den kosmischen Welten und Engeln, zu Sonne und Mond, aber auch zu Gottvater und zum Himmlischen Jerusalem, zur Gesamtheit aller Aspekte führt. Um diesen Einblick in die gewaltigen Himmelswelten schweben Wolkenschiffchen mit Engeln und Heiligen. Sie symbolisieren die jenseitigen Sphären, die vielen Wohnungen im Hause des Himmlischen Vaters.

Maria wird auf dieser Ikone als Königin der gesamten Schöpfung vorgestellt. Ihr Wirken ist mit dem irdischen Tod und ihrer Aufnahme in den Himmel nicht abgeschlossen, sondern kann sich jetzt in einer ungleich größeren Vollmacht entfalten, eine große Verheißung für alle ihr nachfolgenden Gläubigen:

> »Allen aber, die ihn aufnahmen,/gab er Macht, Kinder Gottes zu werden,/allen, die an seinen Namen glauben.« (Joh 1, 12)

In den orthodoxen Kirchen nimmt die Koimesis innerhalb der Liturgie und im Rahmen der kultischen Verehrung eine bedeutende Stellung ein. So werden ihre Darstellungen noch heute über oder neben dem Ausgang des Gotteshauses angebracht, also an der

Westwand, in der Himmelsrichtung des Sonnenuntergangs. Die Gläubigen blicken nach Beendigung des Gottesdienstes, vor der Rückkehr in die ›äußere Welt‹, auf das Vorbild ihres zukünftigen Heimganges in die ewige Heimat und erleben somit jeweils eine neue Vorbereitung auf den eigenen Tod, den Übergang und die verheißenen unendlichen Entfaltungsmöglichkeiten in den göttlichen Welten. Diesem Aspekt der Sterbevorbereitung entspricht in der Kultpraxis des abendländischen Mittelalters der andächtige Blick auf die monumentalen Christophorus-Gestalten am Kirchenausgang, eine legendäre Heiligengestalt, der hier als Sterbebegleiter gilt.

In der abendländischen Malerei

Die byzantinische Darstellungsweise der Entschlafung Mariens war auch dem frühmittelalterlichen Abendland bekannt und hatte in der romanischen Kunst sogar Vorbildcharakter. So erinnern die Illustrationen im Perikopenbuch Heinrichs II. (um 1010) – und insbesondere die Sterbeszene – an die byzantinische Tradition. Wesentliche Unterschiede bestehen aber bereits in der Darstellung von Christus, der nicht mehr am Sterbebett steht, sondern in einer Mandorla als Weltenherrscher thront (Abb. 40). Maria schwebt in einem Nimbus, von Engeln getragen, unterhalb Christi. Sie ist als erwachsene Frau in der Orantenhaltung (s. S. 211) dargestellt. Zwar scheint die Ankunft Mariens in der Ewigkeit Gottes, ihre Himmelfahrt (s. S. 137ff.), Hauptthema des Bildes zu sein, dennoch läßt sich nicht eindeutig bestimmen, ob die Seele oder der himmlische Auferstehungsleib Mariens abgebildet ist.

Bis in die Zeit der Gotik hinein wird in vielen Bildern der Entschlafung und der Aufnahme Mariens in den Himmel noch der Typus des Seelenkindes beibehalten, in anderen erscheint die ›aufgenommene‹ Maria jedoch als himmlische Fürbitterin (s. S. 217f.) und sogar als Ecclesia (s. S. 192ff.).

Im späteren Mittelalter entwickelten sich aus der Thematik von Entschlafung und Himmelfahrt zwei eigenständige Bildtypen. Das 14. Jh. schildert den Tod Mariens als bürgerliche Sterbeszene, in der Christus nicht mehr selbstverständlich anwesend ist, sondern durch die Wand des Zimmers ›einbricht‹, wie es etwa ein Tafelbild von Hugo van der Goes (nach 1478; Abb. 41) zeigt. Maria ist hier

40 »Marientod und Himmelfahrt«, Reichenauer Schule, um 1010, aus dem Perikopenbuch Kaiser Heinrichs II., Bayerische Staatsbibliothek, München

›nur‹ eine sterbende Frau, über deren gebrochenen Augen sich der lichte Schein der himmlischen Welt öffnet und Christus segnend seine Hände ausbreitet. Vermutlich im Kontext eines umfangreichen Marienzyklus entstanden, ist diese Szene ein eindringliches Trost- und Andachtsbild, erbauend für die Sterbebegleitung und Hoffnung gebend für den eigenen ›Übergang‹.

Als eine der schönsten abendländischen Interpretationen der Entschlafung Mariens kann ein Altarbild von Konrad von Soest (um 1420) gelten, das bis heute seinen Platz in der Dortmunder

41 »Der Tod Mariens«, Hugo van der Goes, nach 1478, Groeningemuseum, Brügge

Marienkirche bewahrt hat, »Marientod« (um 1420; Titelbild). Das Bild hält den Moment des Todes fest. Zwei Apostel sprechen die Sterbegebete am Bett der heiligen Mutter. Der Apostel Johannes stellt in ihre Hände die Sterbekerze, Symbol für Christus, der über den Tod hinaus Maria und Johannes miteinander verbunden hat (s. S. 96, 113). Mittelpunkt der Komposition aber sind Antlitz und

Oberkörper Mariens. Mit geöffneten goldenen Haaren, in weißbläulich schimmerndem Schleier und Gewand erstrahlt Maria in jugendlicher Schönheit.

Die Malerei der Gotik hat sich von Legendenpassagen inspirieren lassen, die das blühende, liliengleiche Gesicht Mariens und den lieblichen Duft an ihrer Sterbestätte ausführlich beschreiben.

Die Anwesenheit und Anteilnahme der himmlischen Welt hebt Konrad von Soest in seinem Gemälde durch mehrere Engelgruppen hervor. Eine blaugewandete Formation umgibt, einem Blütenkranz gleich – oder beseelter Heiligenschein –, das Haupt der Gottesmutter, um ihr Augen und Mund zu schließen. Das Blau, welches hier die Engel kennzeichnet, gehört in seiner Symbolik zu den wichtigsten Farben der Gottesmutter und ordnet die Engel daher ihrem Wirkungsbereich zu. Das Haupt Mariens ist gehüllt in goldene Strahlen, die in ihrer Licht- und Sonnensymbolik den Schein der Haare fortsetzen. So dominiert in diesem Bildbereich der Farbdreiklang Weiß-Rotgold-Blau, werden alle Gegenstände des Lebens vereint: Das strahlende Weiß des himmlischen Lichtes (s. S. 75 ff.) umgeben die Aspekte des Tages (Gold der Sonne) und der Nacht (Blau des nächtlichen Himmels).

Mit dieser Darstellungsweise hebt Konrad von Soest das alte Trennungsschema von Körper, Seele und Auferstehungsleib auf; ihm gelingt es, diese Ebenen in der Gestalt Mariens zusammenzufassen.

Im Lichtland

Himmelfahrt
(Festtag: Mariä Himmelfahrt 15. August)

Stand im frühen abendländischen Mittelalter die Aufnahme der Seele Mariens in den Himmel im Zentrum der religiösen Betrachtung (Feier des Entschlafungsfestes am 15. August), betonte man seit dem 14. Jh. zunehmend ihre leibliche ›Himmelfahrt‹. Der Wandel begann schon im 13. Jh., als man einzelne Elemente aus der komplexen Struktur der Entschlafungskompositionen (s. S. 134ff.) herauslöste und mehrere Bildtypen entwickelte: die Himmelfahrt Mariens (Farbabb. 8), ihre Aufnahme in den Himmel als Braut Gottes und Maria als Himmelskönigin (Abb. 3).

Auch wenn der Glaube an die leibliche und seelische Aufnahme Mariens, die *assumptio*, mit dem Beginn der Neuzeit in der katholischen Welt als allgemeiner Glaubenssatz galt, erklärte sie erst 1950 Papst Pius XII. zum Dogma, zum unbedingt anzunehmenden Glaubensinhalt. Neben der Immaculata (s. S. 45 ff.) entwickelte sich die *Himmelfahrt Mariens* im Verlaufe der Gegenreformation zu einem der wichtigsten Marienmotive. Die Muttergottes, in ekstatischer Körperhaltung, häufig mit ausgebreiteten Armen (s. S. 211), tragen Engel in die geöffneten Wolken des lichtdurchfluteten Himmels empor. In ihrer Ikonographie bildet die Himmelfahrt mit der Immaculata ein mystisches Gegensatzpaar von Anfang und Ende und die Widerspiegelung zweier, sich gegenüberstehender Erleuchtungszustände.

Während die Unbefleckte Empfängnis die Seele Mariens im vorgeburtlichen Zustand zeigt, verhalten still, demütig-lieblich im Zustand des ›Herabsinkens in die Materie‹, des Wegs in ihre irdische Inkarnation, und somit den spirituellen Zustand der inneren Sammlung vor einer geistigen Aufgabe und die damit verbundene geistige Konzentration auf den göttlichen Willen in der Fülle des Heiligen Geistes personifiziert, steht der Immaculata mit der Himmelfahrt der innere Aufstieg der erleuchteten Seele und die ekstatische Freude über die Erfüllung des Lebens gegenüber:

> »Da hast Du mein Klagen in Tanzen verwandelt,/hast mir das Trauergewand ausgezogen und mich mit Freude umgürtet.« (Ps 30,12)

In der Barockmalerei wird die stehend emporschwebende Maria zur ›Himmelstänzerin‹. Grandioses Beispiel ist das Himmelfahrtsgemälde von Guido Reni (1575–1642; Farbabb. 8), das man seiner berühmten Immaculata-Darstellung von 1627 gegenüberstellen sollte (Abb. 14). Die Heilige Jungfrau – von einer Gruppe ›wolkiger‹ Engel emporgehoben – transzendiert mit ihren ausgebreiteten Armen die Struktur des Kreuzes. Dies drückt die Überwindung der irdischen Gesetze aus, Maria ist nicht länger an die materielle Welt

›gebunden‹ (s. S. 94). Auch hat die auffahrende Muttergottes die ›seelischen‹ Ebenen des Lebens, symbolisiert durch den blauen Wolkenhimmel der unteren Bildregion, überwunden. Der leuchtend blaue Mantel (s. S. 148) erscheint als eine energetische Form, als eine sich öffnende Blüte, aus der Mariens Gestalt im leuchtend hellroten Gewand in vollkommener Verzückung, gleichsam ›heraustanzt‹. Dieser Tanz als ›Weg zu Gott‹ führt in die geöffneten Wolken (Symbol für die höchsten Ebenen des Geistes), in das ewige Licht der Gottheit.

42 »Himmelfahrt Mariens«, Melchior Steidl, 1711/12, Deckenfresko der Wallfahrtskirche Schönenberg

Ein Deckenfresko in der Wallfahrtskirche Schönenberg, 1711/12 von Melchior Steidl geschaffen, gibt mit der Himmelfahrt Mariens ein lichtdurchflutetes Gleichnis für den Erlösungsweg der gesamten Menschheit (Abb. 42). In der untersten Bildebene verweisen Adam und Eva – am Baum des Lebens – mit der Vertreibung aus dem Paradies auf den Zustand der ›alten‹ Menschheit, der von der Verführung durch die Schlange, dem luziferischen Prinzip der Täuschung und Boshaftigkeit, bestimmt ist. Über dem Paradiesbaum öffnet sich in sanften Farbtönen der Himmel und gibt den Blick frei auf die große Gestalt der in den Himmel auffahrenden Maria. Ihre bewegt-verzückte Erscheinung mit den sophianischen Attributen der Immaculata – Mondsichel und die von der Schlange umwundene Weltkugel – erhebt sich aus der Krone des Lebensbaums. Damit verbindet sich die Gestalt der historischen Maria abermals mit der Vision der Sophia, die in ihrer Erscheinung als ›Frau Weisheit‹ in überirdischer Schönheit den Kosmos durchdringt. Als zentrale Mittelgestalt führt ›die große Frau‹ zu den Sphären der sie verehrend umgebenden Engel. Der Lichtschein um das Haupt der heiligen Gestalt endet in einer Engelaura, die einer Krone gleicht und den Blick auf die Erscheinung Gottes freigibt. Gott hält in seiner linken Hand die Krone des ewigen Lebens bereit. Diese musikalisch-bewegte Komposition der Himmelfahrt soll den im Kirchenraum ›aufblickenden‹ Betenden anleiten, im ›Hier und Jetzt‹ den individuellen geistigen Aufstieg zu suchen, sich orientierend am Vorbild der Maria-Sophia (s. S. 181 f., 204 ff.).

Hüterin des Paradiesgartens

Das Wirken der himmlischen Mutter im göttlichen Lichtland als *Hüterin des Paradiesgartens* entwickelte sich, ausgehend von mystischen Strömungen in Frauenklöstern, im 14. Jh. zum beliebten Motiv in der deutschen Malerei. Die Darstellung des Gartens setzt vorchristliche Traditionen fort, denen der heilige Hain als grenzüberschreitender Ort zwischen Diesseits und Jenseits galt. Als biblisches Bild beschreibt das Motiv jenen Ort, an dem sich die ursprüngliche Ganzheit des Menschen in seiner Vereinigung mit Gott widerspiegelt, wo ›alles gut‹ ist und sich die schöpferischen

Kräfte des Himmels im Wachstum der heiligen Pflanzen und Früchte manifestieren, die Trennung zwischen äußerer und innerer Natur überwunden ist.

Im Kreislauf von Wachsen und Vergehen umschließt das Gartenbild die Ebenen von Vergangenheit, Gegenwart und Zukunft (s. S. 55) und damit auch die vom Paradiesgarten als jenem Ort, an dem das Leben seinen Anfang nahm, sowie als dem Auferstehungsgarten Christi als Ort der erlösenden Verwandlung.

In den Mariengärten des Mittelalters tritt uns der durch Christus erlöste und erneuerte Kosmos entgegen, in dem nicht mehr die alte Menschheit, ›Adam und Eva‹, sondern die himmlische Mutter in der Gestalt der Maria-Sophia und das Christuskind (als ›neuer Adam‹) wirken.

Der Paradiesgarten steht für einen Zwischenzustand, eine besondere Sphäre zwischen Himmel und Erde, in welche die Seelen der geläuterten Verstorbenen gelangen, aber auch derjenigen Menschen, die während des Gebetes im Geist erhoben werden. Dort halten sie sich auf, bevor sie das Himmlische Jerusalem betreten. Fra Angelico (um 1430) wählte dieses Thema für den linken Seitenflügel seines Werkes »Jüngstes Gericht«.

Im Paradiesgarten herrscht das Prinzip der himmlischen Mutter, der Aussöhnung mit der Vergangenheit und der Vorbereitung auf die geistige Wiedergeburt im Himmel. Als Abbild des lebendigen Wachstums und seiner blühenden Kräfte entsprechen die intimen Gartenbilder des Mittelalters in ihrer Geschlossenheit daher auch dem fruchtbaren Mutterschoß, in dem die Seele heranreift (vgl. hierzu Farbabb. 9: die Darstellung des betenden Stifters unter dem Mantelsaum von Maria). Die Bilder beziehen sich auf den zukünftigen Weg des Menschen, zugleich aber zeigen sie ihm eine jetzt, in der Kontemplation, erreichbare Ebene – sie weisen dem Menschen jenen erlösenden Ort der Einheit, der keineswegs weit entfernt, sondern jedem am ›Haus des Herzens‹ als Blumengarten der Seele zugänglich ist.

Die Blumen um Maria symbolisieren die Tugenden der Muttergottes. Als ›ewige Gärtnerin‹ pflanzt Maria diese in die Herzen der darum bittenden Menschen ein, wo sie im ›Zustand des geistigen Frühlings‹ wachsen (s. S. 152ff.). Neben Pfingstrosen (Symbol der Maria-Sophia und des Pfingstgeistes), Iris (Sinnbild des Regenbogens und Zeichen des Neuen Bundes) sowie Rosen und Lilien (s. S. 69ff., 160f.) gehören zu den Muttergottesblumen auch heilkräftige Pflanzen als Zeichen des ›neuen, ganzen‹ Lebens, etwa Maiglöckchen, die – wie die Veilchen – als Ausdruck der demütig stillen Bescheidenheit Mariens betrachtet werden. Auch der Frauenmantel wird mit der Jungfrau in Verbindung gebracht: Mancherorts nennt man ihn Maria Tränen, weil die Pflanze bei feuchtwarmer Witterung in ihren Spalten einige Wassertropfen ausscheidet, in anderen Regionen heißt ihn der Volksmund Muttergottesmäntelchen, weil man ihn mit dem Schutzmantel der heiligen Mutter assoziiert. Die Heilkraft der Pflanze bei verschiedenen Frauenleiden verstärkte den Eindruck, sie stünde unter himmlischem Schutz.

Als Repräsentantin des paradiesischen Urkosmos erscheint Maria im geschlossenen Garten, dem Hortus conclusus (Abb. 43), als Jungfrau ebenso wie als Mutter und auch als Braut des Hohenliedes, mit dessen 15 Sinnbildern (u.a. Brunnen, Lilie, Turm) das Gartenmotiv häufig ausgeschmückt wird. In dieser Darstellungsweise personifiziert die Madonna alle entscheidenden Phasen des weiblichen Lebens in himmlischer Verklärung. Berücksichtigt man, daß die christliche Mystik die Seele im allgemeinen als von Gott ›empfangend‹ und damit als weiblich betrachtet (s. S. 52), versteht man, daß *Maria im Garten* zwar Beschützerin und Mutterschoß des Geistes ist, aber auch das vollendete Vorbild einer von Gott behüteten Seele, deren geistige Entwicklungen und Wandlungen sich im Inneren des Herzensgartens vollziehen. Deshalb heißt es im »Rheinischen Marienlob« aus dem 13. Jh.:

> »Und weil er [Gott], glaub' ich, Macht und Weisheit besitzt, schützt er dich, sein Paradiesgärtlein, so daß nicht Anfechtung und nicht Sünde darin zu finden ist, seitdem in den Baumgarten deines Leibes der Baum des Lebens eingepflanzt worden ist. Dieser Baum ist Jesus, dein heiliges Kind (...)«[74]

Ein stilles, schlichtes Andachtsbild von Ottaviano Nelli (Melli) Gubbio (1370–1446) zeigt Maria, im heiligen Garten sitzend, mit

43 »Muttergottes im Hortus conclusus«, um 1450–60, Kölner Maler, Gemäldegalerie, Staatliche Museen Preußischer Kulturbesitz, Berlin

ihren kosmischen Attributen: blauer Sternenmantel und weißer Schleier (Frontispiz; s. S. 183 ff.). In sich selbst versunken, stillt sie das Jesuskind, eine Szene, die an die Muttergöttinnen erinnert, deren zu Boden tropfende Muttermilch das Wachstum der Pflanzen bedingte und den irdischen Bereich heiligte. Dieser ›nährende‹ Aspekt der himmlischen Mutter verbindet sich mit dem ihrer Himmelfahrt, an deren Festtag in zahlreichen Regionen Europas die sogenannte ›Kräuterweihe‹ vollzogen wurde: Mit Segenssprüchen weihte man die Nutz- und wildwachsenden Heilpflanzen sowie alle Blumen; Reminiszenz an jene Passage in der Marienlegende, nach der ein wundersamer Kräuterduft die Luft erfüllte, als Maria aus dem Grab emporschwebte – Zeichen dafür, daß mit der Verwandlung Mariens auch die Erd- und Wachstumskräfte neu belebt wurden. Den geweihten Marienpflanzen schrieb man eine vermehrte Heilkraft zu und die Fähigkeit, dunkle Mächte abzuwehren – Ausdruck der überall wirkenden Sorge der himmlischen Mutter für ihre Kinder.

Die beiden Bäume auf Gubbios Bild, die links und rechts neben Maria den Eingang einer Pforte in das goldene Lichtland der Ewigkeit zu bilden scheinen, verweisen als Attribute des Himmlischen Jerusalem auf den Zwischenzustand des Gartens:

> »Und er zeigte mir einen Strom, das Wasser des Lebens, klar wie Kristall; er geht vom Thron Gottes und des Lammes aus. Zwischen der Straße der Stadt und dem Strom, hüben und drüben, stehen Bäume des Lebens. Zwölfmal tragen sie Früchte, jeden Monat einmal; und die Blätter dienen zur Heilung der Völker.« (Offb 22–22, 2)

Der Überlieferung nach malte der Meister des Paradiesgärtleins um 1410 für das Nonnenkloster Gottstadt bei Biel die »Madonna in den Erdbeeren« (Farbabb. 9). Maria-Königin sitzt versonnen im blühenden Garten, meditierend über die Worte der Heiligen Schrift, die sie geöffnet in der linken Hand hält. Mit der rechten Hand reicht sie dem kleinen, verspielten Jesuskind die weiße, reine Rose ihrer Liebe. Das in überirdisches Weiß gekleidete Kind trägt in seiner Hand einen Krug, gefüllt mit dem ›lebendigen Wasser des ewigen Lebens‹. Mit dem Buch in der Hand, in der Fülle der blühenden Natur des Monats Mai erscheint Maria wiederum als Sophia, die von sich spricht:

»Meine Blüten wurden zu prächtiger und reicher Frucht./Kommt zu mir, die ihr mich begehrt,/sättigt euch an meinen Früchten.« (Sir 24, 18 f.)

Auch die Erdbeeren weisen in der kontemplativen Naturbetrachtung des Mittelalters auf die Weisheit des Heiligen Geistes hin: Sie pflanzen sich durch oberirdische Ableger fort, die sich erst nach und nach in die Erde senken, um dann Wurzeln zu treiben. Die rote Liebesfrucht, die herzförmige Erdbeere mit ihren vielen einzelnen Kernchen, wird auch mit Blick auf Christus – die große Lebensfülle – gedeutet, der sich als ›himmlische Frucht‹ selbstlos verschenkt.

Zu Füßen der »Madonna in den Erdbeeren« wachsen Maiglöckchen, Frauenmantel und Märzenbecher; drei Rosensträucher (zur Farbsymbolik: s. S. 76) zäunen den Garten ein und symbolisieren die anwesenden ›blühenden‹ Kräfte der göttlichen Dreifaltigkeit. Der goldene Grund unterstreicht die Heiligkeit der Szene.

Das kontemplative Bild des stillen Mariengartens verliert sich mit dem Beginn der Neuzeit und der zunehmend entfremdeten Naturbetrachtung. Allerdings wird es gegen Ende des 19. Jh. zunächst im Rahmen symbolistischer Strömungen und dann in der Malerei von Jugendstil und Expressionismus hin und wieder aufgegriffen. Auch Albert Steffen nimmt sich dieses Motivs in seinen Gemälden an. Als Vision des »reinen Lebens«[75] wachsen in blühender Natur Blumen um die heilige Mutter mit dem Kind (Farbabb. 13):

»Und wenn du nicht weiter weißt, so lasse es dir von den Pflanzen sagen, die du in dir keimen, wachsen, blühen und fruchten läßt. Lerne die Blumensprache.«[76]

Erdenkleid und Sternenmantel

Mystisches Gewand

Kleid aus Licht

Visionäre Elemente, die in der christlichen Kunst während fast aller Jahrhunderte in die Darstellung der Muttergottes und in die Konzeption der Bildmotive eingingen, beeinflußten auch die Gestaltung ihrer Gewänder (s. S. 75 ff.). Darüber hinaus ließ man sich von den alttestamentarischen Texten über die Prachtgewänder der Sophia, der heiligen Weisheit (s. S. 48 ff.), inspirieren (Sir 6, 29–31).

Eine der wichtigsten Mariendarstellungen des 19. Jh. (s. S. 224) prägte die junge Bernadette Soubirous (1858, Erscheinung der Muttergottes in Lourdes, Frankreich) mit ihrer Beschreibung der Muttergottes (Abb. 7; Hervorhebung im Zitat von der Autorin):

> »Ihr *Kleid* ist von blendender Helle, in der Höhe des Halses, wo feine Falten zusammenlaufen, geschlossen. Ein weisser Schleier, weiss wie Milch, bedeckt ihr Haupt bis zum Stirnansatz, fällt auf ihre Schultern, hüllt mit seinen weichen Falten kaum die Arme ein, und läuft dann die Seiten entlang bis zu den Füssen. Ein blauer Gürtel umfasst die Hüften, seine Enden gehen ohne einen Knopf ineinander über; er reicht bis unter das Knie. Die Füsse sehen unbekleidet unter dem langen Kleid hervor und auf jedem Fuss liegt eine blühende, gelbe Rose. An einem Arm hängt ein langer *Rosenkranz* mit Perlen von leuchtendem Weiss, eine funkelnde gelbe *Kette*, und ein *Kruzifix* von der gleichen gelben Farbe wie die Kette. Der ganze *Schmuck* erstrahlt in hellem Licht und ist gleichzeitig wunderbar weich: Glanz einer anderen Welt.«[77]

Wenige Jahre zuvor, 1846, hatte das Hirtenmädchen Melanie in La Salette ebenfalls eine Marienerscheinung erlebt, und auch sie hebt die Kleidung der Gottesmutter in besonderer Weise hervor:

»Das Kleid der Allerseligsten Jungfrau war silbrig-weiss und strahlend; es hatte nichts Stoffliches an sich: Es war ganz aus Licht und Glanz zusammengesetzt, war lebendig und schimmerte; es gibt hienieden keinen passenden Ausdruck und keine Vergleichsmöglichkeit. (...) Der Anblick der Heiligen Jungfrau selbst war ein vollendetes Paradies.«[78]

Zahlreiche Visionäre berichten im Zusammenhang mit Maria von ihrer Schönheit, ihrem Glanz und Licht. Ihr Haupt sei »wie glänzendes Gold«[79] (Birgitta von Schweden; 1303–73); ihre Gewänder »leuchten wie die Sonne«[80] (Erscheinung Mariens in Mexiko, 1531) oder schimmern wie die »Morgendämmerung«[81] (Katharina Labouré, 1830) – Beschreibungen, welche an die Worte der Sophia erinnern:

»So strahle ich weiterhin Belehrung aus wie die Morgenröte,/ ich lasse sie leuchten bis in die Ferne.« (Sir 24, 32)

Gold, Silber, Mosaik- und Edelsteine sowie leuchtende Farbtöne werden eingesetzt, um auf den Bildflächen die Muttergottes im himmlischen Licht erscheinen zu lassen. Die dargestellten Formen, Gewänder und Schmuckelemente sind indes ›nur‹ Medien, um auf die transzendenten Kräfte und Erleuchtungsebenen hinzuweisen.

In der Marienmalerei spiegeln sich die Zustände und Erlebnisse ›im unbeschreiblichen Licht‹ der Muttergottes vor allem in der Beleuchtung ihres Gesichts und ihrer Gewänder wider: Sie schimmern im hellen Licht der Morgenröte, im silbrig-weißen Mondenlicht oder im Sphärenlicht der Nacht. Nach Swedenborg zeigt der Schimmer den Einfluß der Göttlichen Weisheit auf.

Entspricht das Strahlen im Licht der ›göttlichen Sonne‹ in den Bildern der christlichen Mystik allgemein dem Zustand einer ›erkennenden Seele‹, so hebt der Lichtglanz unterschiedlicher Tageszeiten auf dem mystischen Gewand Mariens wesentliche spirituelle Bewußtseinszustände hervor:

Morgen – Christus beginnt im Herzen aufzuerstehen (Farbabb. 11; Abb. 14, 45);

Mittag – Höchster Sonnenstand – Weisheit im Lichte Gottes (Abb. 42);

Abend – Ruhe und Stille, aber auch Zustand des Übergangs zwischen Diesseits und Jenseits;

Nacht – Zeit der Versuchung und Dunkelheit, aber auch Zustand der ›mystischen Hochzeit‹, der Geburt von Christus, dem göttlichen Licht in der Seele (Abb. 54).

Im ersten christlichen Jahrtausend (und weiterhin in der ostkirchlichen Kunst) wird jedoch die Darstellung einer ›schönen‹, d.h. den Schilderungen entsprechenden, Maria keinesfalls mit der einer ›lieblichen‹ gleichgesetzt. Der hoheitsvolle, strenge oder mütterliche Ausdruck von Maria, die in festgefügten Bildkompositionen steht, ihre großen, geöffneten Augen führen den Betrachter zum Blick in die himmlischen Welten, während im Abendland seit der Gotik das visionäre Bild Mariens mit dem jugendlichen Schönheitsideal der jeweiligen Epoche zunehmend verschmilzt.

Rot und Blau

Rot und Blau, jene zwei Farben des Paradieses (in der jüdischen Tradition), charakterisieren die Gewänder Mariens. In der ostkirchlichen Tradition trägt die Gottesmutter zumeist ein blaues Gewand, das ein erdenfarbener (roter oder rotbrauner) Mantel umhüllt.

Blau als Farbe des nächtlichen Himmels läßt die Welt des Überirdischen in die irdische Sphäre hineindringen. Seine meditative Betrachtung führt in die ›Ewigkeit‹. Es ist die Farbe der ungebrochenen Verbindung zum Himmel und damit der Intuition. In seiner Steigerung und Verdichtung zum Indigoblau ist es in der Lehre der Chakras (s. S. 211) die Farbe des Dritten Auges, jenes geistigen Körperzentrums auf der Stirn, das die geistige Schau, die Hellsichtigkeit, erst möglich macht. Blau ist die Farbe der Cherubim, der Engel der Göttlichen Weisheit (der Sophia), die über und über mit Augen bedeckt sind und alle Sphären der Schöpfung durchdringen. Das blaue Kleid wie der blaue Schutzmantel (s. S. 168ff.) symbolisieren die Verbindung Mariens mit der Sophia, ihre Einheit mit den kosmischen Kräften des Himmels, ihr transzendentes Wesen.

»Geburt Christi«, Khatchatur von Khizan, 1591, aus dem Khatchatur-Menologion, Jakobuskirche des armenischen Klosters, Jerusalem

Rot steht für die Wärme des Tages, für Liebesglut, die elementaren Lebensenergien (Blut). In der antiken Götterwelt symbolisiert das Rot der Gewänder kosmische wie irdische Macht. Der Lichtgott Mithras erscheint seinen Anhängern im roten Mantel, Sinnbild seiner erleuchtenden Lebensenergien. Christus trägt als von den Toten Auferstandener einen roten Mantel, er ist nun Herr über die ganze Fülle des Lebens. Das Rot des Marienmantels hingegen bezieht sich weniger auf den Aspekt der Herrschaft; vielmehr strahlt es »den Glanz des Lebendigen«[82] aus, den ›Wandel im Fleisch‹, die menschliche Inkarnation. Es steht – im Sinne der beschriebenen Zustände der Tagesabläufe (s. S. 147f.) – für das tätige Leben während des gesamten ›erleuchteten‹ Tages. In dieser Verbindung mit dem Irdischen wird das Rot oftmals gebrochen und erscheint als lehmfarbener Erdenmantel, der Maria auch als Mutter aller Lebenden ausweist, und ihre Gestalt in die Erscheinungsformen des Archetypus der Großen Mutter, der Erd- und Schöpfungsgöttin der Vorzeit, einreiht.

Indem die Ostkirche die Gestalt der Gottesgebärerin im blauen Kleid bis heute mit einem roten Mantel umhüllt, verdeutlicht sie die Lehre von der Sophia als höchster Geistnatur der Gottesgebärerin, die als Maria mit dem Mantel des irdischen Lebens über diese Erde ging (s. S. 48f.). Beispielhaft dafür ist eine armenische Darstellung der Geburt Christi, die 1591 von Khatchatur von Khizan als Kopie des Königin-Keran-Evangeliars (spätes 13. Jh.; Abb. 44) geschaffen wurde. Die Buchillustration zeigt Maria, als Wöchnerin auf ihren irdisch-roten Mantel gebettet, in der Felshöhle (s. S. 73ff.). Sie trägt ihr blaues Himmelsgewand, und auch das winzige Jesuskind ist in blaue Windeln gewickelt – Hervorhebung seiner geistigen Herkunft aus den Höhen des Himmels.

Die abendländische Malkunst aber bevorzugt seit dem frühen Mittelalter die umgekehrte Darstellungsweise; hier umschließt ein blauer Mantel die Muttergottes im roten Kleid. Damit wird ihre irdische Natur betont, die mit den Gnaden des Himmels ›überkleidet‹ wurde, was sie zum Vorbild des begnadeten Menschen macht. Ein bedeutendes Werk der abendländischen Malerei, an dem dies aufgezeigt werden kann, ist die »Stuppacher Madonna« (Abb. 45), die Mathias Gothart Nithart, genannt Grünewald, 1513–19 als Mittelbild eines spätgotischen Flügelaltars für die Maria Schnee

45 »Stuppacher Madonna«, Mathias Grünewald, 1513–19, Madonnenkapelle, Stuppach

Kapelle der Aschaffenburger Stiftskirche malte. Sein Werk gelangte 1812 nach Stuppach bei Bad Mergentheim, wo es bis heute in einer eigens errichteten Kapelle besichtigt werden kann.

Maria wird hier, wie in einer Vision der heiligen Birgitta (um 1370) beschrieben, im Licht der Morgenröte unter den leuchtenden Farben des Regenbogens (Zeichen des Neuen Bundes) gezeigt. Im roten Prachtgewand, umhüllt von einem wolkig fallenden, blauen

Mantel, erscheint die Mutter des Herrn – als erstes menschliches, vollkommen erlöstes Geschöpf – in symbolisch-verklärter Umgebung. Grünewald ist es dabei in einzigartiger Weise gelungen, die Aspekte der Farbsymbolik mit der Vision der Mariengestalt im ›ewigen Licht‹ des Jesuskindes zu verbinden.

Erden- und Ährenkleid

»Dein Leib ist ein Weizenhügel,
mit Lilien umstellt.«
(Hld 7, 3)

Christliche Betrachtungen vergleichen seit dem 6. Jh. die Muttergottes mit dem Element der Erde, dem Bild des Ackers, der die Weizenähre trägt. Die Weizenähre gilt bereits in den ersten christlichen Jahrhunderten als Symbol für Christus, der in Bethlehem, (hebr.: ›im Haus des Brotes‹; s. S. 78 ff.) geboren ist. Der Weizen steht als Sinnbild für das heilige Brot, das für die Abendmahlsfeier zubereitet werden wird.

Auch in diese Bilder sind astralmythologische Deutungen eingeflossen. Am östlichen Himmel, um die Mitternacht der Wintersonnenwende, zur Zeit von Christi Geburt, erschien im Altertum das Sternbild der Jungfrau am Horizont. Der Stern Spica ähnelt in ›der Hand der Jungfrau‹ einer Ähre oder einem Ährenbüschel, so daß das Sternbild auch als ›Haus der Ernte‹ oder ›Haus des Brotes‹ (Bethlehem) gedeutet werden konnte. Bei den Sumerern und Babyloniern galt dieses Sternbild als wichtigste Offenbarung der jungfräulichen Muttergöttinnen. Die Ähre war auch Attribut der antiken Mutter- und Erdgöttinnen Ceres und Demeter, ein uraltes Mysterienbild für das Leben und Sterben des Saatkorns und Zeichen für den Kreislauf von Wachstum und Vergehen, Geburt und Tod (s. S. 79). In der Betrachtung frühchristlicher Dichter wird Maria zur seligen Jungfrau, »bezeichnet durch die Sterne, wo die Ähre, der Stern Spica glänzt«[83].

46 »Maria im Ährenkleid«, Hinrik Funhof, um 1480, Hamburger Kunsthalle ▷

Das Bild einer *Madonna im Ährenkleid* begann sich jedoch erst im 13. Jh. zu verbreiten. Großen Einfluß gewann ein heute verschollenes Gnadenbild aus dem Mailänder Dom von Christoforo de Mottis (1464/65), das dem Motiv vor allem im süddeutschen Raum des 15. Jh. zu großer Popularität verhalf. Während der Reformation wurde der Kult um die Ährenmadonna zwar zurückgedrängt, konnte sich aber im 17. Jh. in der volkstümlichen Verehrung wieder durchsetzen.

Als repräsentativ für den Typus der Ährenmadonna kann ein Gemälde des norddeutschen Malers Hinrik Funhof († 1484/85) für das Maria-Magdalenen-Kloster in Hamburg betrachtet werden (Abb. 46). Maria wird in Anlehnung an die apokryphen Überlieferungen als andächtig betende Tempeljungfrau mit gefalteten Händen (s. S. 59f., 222) dargestellt; Gestik und Gewand lassen sie als Vorläuferin der Immaculata erscheinen. Wie ein Schleier (s. S. 183 ff.) umfließt prächtiges Haar ihr mädchenhaftes Antlitz. Ihr bodenlanges, gegürtetes Gewand (s. S. 155 f.) ist in einem tiefdunklen Blaugrün gehalten und überreich mit goldenen Ähren bedeckt. Die Ähren betonen die Fruchtbarkeit der Jungfrau und weisen sie als zukünftige ›Mutter des lebendigen Brotes‹ (Christus) aus. Goldene Strahlen – Zeichen der göttlichen Sonne, die den heiligen Acker bescheint – säumen Halsausschnitt und Ärmelränder ihres Kleides. Der Heiligenschein wirkt wie ein großer, goldener Stern, während das Gesicht Mariens in seiner silbrigen Beleuchtung an den Mond erinnert. So erscheinen Aspekte von Tag und Nacht, Sonnen-, Mond- und Sternenlicht (»schöpferischem, widerspiegeltem und geoffenbartem Licht«[84]) in ganzheitlicher Vision auf dem ›Erdenleib‹: Symbol dafür, daß alle ›Lichtaspekte› auf das Wachstum der heiligen Ähren einwirken. Sonne, Mond und Sterne wiederum sind Attribute der Sophia (s. S. 50).

Spirituell überhöht, wird die Gestalt der Heiligen Jungfrau zur Personifikation der elementaren Wachstumsprinzipien des Heiligen Geistes in den Tiefen der Seele, ihr Ährenkleid zur Vision des durch Christus geläuterten und geheiligten Elementes der Erde.

> »Die umfassende Wahrheit ist in einer tieferen Bewußtseinsschicht als das Ichbewußtsein gegenwärtig. Sie befindet sich in der Dunkelheit. Aus dieser Dunkelheit schießen die Lichtstrahlen der Einzelerkenntnis empor.«[85]

Damit spiegelt die Ährenmadonna auch den Prozeß der geistigen Transformation wider, der den Aspekt des ›geistigen Sommers‹ innehat. Dieser steht für die Zeit nach Pfingsten, also die Zeit nach der ›geistigen Wiedergeburt‹ (s. S. 121 f.), in der in ›fruchtbaren Seelen‹ die ›guten Früchte‹ des Geistes zu reifen beginnen. Auf der Bildtafel von Hinrik Funhof nimmt die Gestalt der Heiligen Jungfrau die gesamte Höhe ein, weil der Transformationsprozeß auf allen drei Ebenen – Körper, Seele und Geist – stattfindet. Maria steht auf heiligem Boden, in einer kleinen Gebetsnische (s. S. 187 f.). Rechts unten, zu ihren Füßen, auf der tiefsten Ebene der Materie, kniet betend die kleine Gestalt der Stifterin (eine Ordensfrau), die den Rosenkranz um den Hals trägt und zum Zeichen ihrer Verehrung einen rot-weißen Rosenkranz hoch oben neben Maria gehängt hat.

Dieses intime und stille Bild, das ganz der persönlichen Weihe an die Muttergottes gewidmet ist, fordert eine kontemplative Gebetshaltung und drückt die Sehnsucht aus, den wundersamen Wachstumszustand im Lichte der göttlichen Gnade zu erlangen. Wer der Gnade teilhaftig werden möchte, so sagt das Bild der Ährenmadonna, dessen Seele muß einkehren und wie ein Acker still liegen, denn:

> »Die Erde bringt von selbst ihre Frucht, zuerst den Halm, dann die Ähre, dann das volle Korn in der Ähre. Sobald aber die Frucht reif ist, legt er die Sichel an; denn die Zeit der Ernte ist da.« (Mk 4, 28–29)

Gürtel und Rosenkranz
(Festtag: 7. Oktober)

Der Gürtel der Göttin Aphrodite ist in der griechischen Mythologie Insigne ihres Liebeszaubers. Den Gürtel der Diana von Ephesos riefen die verheirateten Frauen am Kultort der Göttin an, um Fruchtbarkeit und eine leichte Geburt zu erbitten. Im alten Rom empfahl das Lösen des bräutlichen Gürtels die Braut dem Schutz der göttlichen Juno Cinxia an.

Im Kontext dieser alten Tradition erklärt sich die hohe Verehrung der Gürtelreliquie von Maria. Die Reliquie, durch einige Tropfen Milch der Jungfrau zusätzlich geheiligt, gelangte Anfang des 5. Jh. mit dem Maphorion (s. S. 169f.) von Jerusalem (aus dem leeren Grab) nach Konstantinopel – ein Ereignis, dessen die Orthodoxe Kirche bis heute jeweils am 31. August feierlich gedenkt. Man verschloß den geheimnisvollen Gürtel, Indiz der leiblichen Auferstehung der Gottesmutter, in einem silbernen Gefäß und bewahrte und verehrte ihn als kostbaren Schatz in einer Reliquienkapelle der Kirche von Chalkoprateia (am Kupfermarkt), dort, wo auch die berühmte Hodegetria (s. S. 87) ihren Platz hatte. Erzählungen von Heilungen und Wundern förderten die Verehrung des heiligen Gürtels auch im Abendland; weitere seiner Fragmente wurden an anderen bedeutenden Orten der Christenheit gehütet, etwa auf dem heiligen Berg Athos in Griechenland oder im italienischen Prato.

Umstritten ist der Ursprung einer mittelalterlichen Legende (um 1300) von der Himmelfahrt Mariens, in welcher der Gürtel zum wichtigen Motiv wird. Sie erzählt, wie der Apostel Thomas auf mystische Weise – in den Wolken – zum Sterbeort der Mutter Jesu eilt (s. S. 128).

> Dort sah er »den heiligen Leib, den eine Anzahl von Engeln begleitete; mit ihnen fuhr er im Triumphe gen Himmel; da bat ich die hochselige Maria mit lautem Rufen um ihren Segen. Und sie schenkte mir diesen Gürtel«.[86]

Mit der Verbreitung dieser Legendenfassung drang seit der Mitte des 13. Jh. das Motiv der Gürtelspende in die abendländischen Darstellungen der in den Himmel auffahrenden Maria ein – Himmelfahrtsszenen ersetzten allmählich die traditionellen Bilder der Entschlafung (s. S. 134f.) und gewannen im Rahmen einer zunehmenden Proklamation der leiblichen Auferstehung Mariens propagandistische Bedeutung.

Filippino Lippi († 1504) gestaltete die ›Gürtelübergabe‹ an den ungläubigen Apostel auf dem Gemälde »La Madonna della Cintola« (Abb. 47). Auf einem Thron aus Wolken und Cherubim (Engel) schwebt die auferstandene Madonna über ihrem blühenden Liliengrab. Mit sanftem, gesenktem Blick überreicht sie den Gürtel an den nach oben greifenden Thomas, der sich auf der linken Bildseite gegenüber dem großen Volksheiligen Antonius von Padua befindet. Der Gürtel erscheint fast wie eine Fessel, mit der die

47 »La Madonna della Cintola« (›cintola‹ = Gürtel), Filippino Lippi, Museo Andrea del Castagno, Florenz

Hände des Apostels gebunden werden sollen. So wirkt auch die Sophia, von der das Buch der Weisheit sagt:

> »Ihre Fessel wird dir zum sicheren Schutz,/ ihre Stricke werden zu goldenen Gewändern.« (Sir 6, 29)

In den meisten mittelalterlichen Mariendarstellungen fehlt das Gürtelattribut; in Bildern allerdings, die – wie die Ährenmadonnen – den Aspekt der Fruchtbarkeit betonen, wird der Gürtel (oder die Schärpe) ein wichtiges Moment. ›Incinta‹, ›enceinte‹ – ›umgürtet sein‹, ist heute noch der in den romanischen Sprachen gebräuchliche Begriff für ›schwanger sein‹. Indem der Gürtel von Maria als schlichte Schärpe mit einer Schleife geschlossen ist, betont er als »ambivalentes Symbol«[87] (gebunden: Jungfräulichkeit und körperliche Treue; gelöst: sexuelle Verheißung und Fruchtbarkeit) die Jungfräulichkeit Mariens, weist aber zugleich auf die ihr innewohnenden machtvoll-göttlichen Wachstumskräfte hin, die nicht von Menschenhand ›entfesselt‹ werden können. In der Neuzeit sind es vor allem die Immaculata-Darstellungen, die das Motiv der gebundenen Schärpe, meist schlicht, manchmal reich verziert, weiterführen. Vordergründig betont dies zwar die körperliche Jungfräulichkeit, genau betrachtet aber, wird ein Attribut antiker Göttinnen wieder aufgegriffen. Auch klingt hier einmal mehr die Ikonographie der Sophia an, die umgürtet auf dem Thron der Göttlichen Weisheit sitzt (s. S. 200ff.) und als Personifikation aller schöpferischen Kräfte, als Heilige Geistin die materielle Welt durchdringt (s. S. 205). Indem Maria als machtvolle Gestalt auf der Sichel des Mondes oder auf der Erdkugel steht, wird die ihr als zukünftiger Gottesgebärerin innewohnende Fruchtbarkeit in glanzvoller Weise überhöht.

Auf dem barocken Marienbild des kleinen Wallfahrtsortes Maria Birnbaum (Bayern), einer Kopie der Freisinger Madonna, ist die *Immaculata* als prachtvolle Himmelskönigin gekleidet und reich geschmückt. Mond und Erdkugel liegen zu ihren Füßen (Abb. 51). Ihr geöffneter Mantel, der Erde und Mond ›überdacht‹, erinnert an die gewaltigen Schutzmantelmadonnen der späten Gotik. Die aufgefalteten Gewandhüllen um die heilige Gestalt wirken wie ein spirituell überhöhtes, sich öffnendes, weibliches Genitale. Die Fruchtbarkeitssymbolik wird durch den Lilienszepterstab verstärkt, der nicht nur phallisches Symbol ist, sondern durch die geöffneten Blüten auch ein altes Bild für Liebeslust und Zeugung. Die streng geschlossene goldene Schärpe Mariens wird durch eine Brosche zusätzlich betont – ein indirekter Hinweis auf das bedeutende geistige Energiezentrum des Nabel-Chakras (s. S. 211). Direkt darüber fällt der große, medaillenartige Anhänger der goldenen Marienkette, mit der Taube des Heiligen Geistes geschmückt, Hinweis auf die sophianischen Kräfte, die Maria umgürten und gebunden haben und die in und aus ihr wirksam sind.

Das 19. Jh. kennt dann die breite, weich fallende Schärpe als wichtiges Element auf dem strahlend weißen, jenseitigen Gewand der Lourdes-Muttergottes (Erscheinung im Jahre 1858; Abb. 8; s. S. 146f.). Diesen Gürtel, der »um und vor der Gestalt der wunderschönen Frau schwebte«[88] hatte Bernadette Soubirous ›blauer als jedes Blau des Himmels‹ erschaut.

Mit der Farbe Blau leben Erinnerungen an die alten Bilder der persischen und griechischen Mythologie wieder auf, an die sternenbestickten Gürtel der Göttinnen, in denen man das Band der Milchstraße erblickte, jenes Band, das als Zeichen der himmlischen Treue den gesamten Kosmos umspannt. In der jüdischen Tradition ist Blau die Farbe der Zukunft, die »wie ein Geheimnis auf uns zukommt«[89].

Betrachtet man die Muttergottes meditativ als ›Vorbild der Seele‹, wird dieses blaue ›Himmelsband‹, das wie ein Wasser- oder Gnadenstrom hinunterfließt, wiederum zum Ausdruck eines spirituellen Zustands, zum Ausdruck des ›Schwangerseins mit Christus, dem göttlichen Wort‹, das sich in den ›Gewändern‹ einer erleuchteten Seele verbirgt.

In der Bibel wird der Gürtel immer wieder als Attribut der Propheten erwähnt: »Du aber gürte dich, tritt vor sie hin, und verkünde ihnen alles, was ich dir auftrage«, spricht Gott zum Propheten Jeremia (Jer 1, 17). »Legt eure Gürtel nicht ab«, sagt Jesus zu seinen Jüngern und mahnt sie, ihre Lampen (der Liebe und Erkenntnis) brennen zu lassen (Lk 12, 35).

Neben dem Himmelsgürtel der Lourdes-Madonna erblickte die Seherin Bernadette einen wundersamen Rosenkranz aus weißen Perlen. Die historischen Ursprünge des Rosenkranzes, jener Perlenkette, mit der meditierend das »Ave Maria« (in kompletter Folge drei Zyklen mit je 50 Gebeten) gesprochen wird, liegen im dunkeln. Man darf jedoch vermuten, daß Gebetsketten von Indien in den muslimischen Bereich gelangten und von dort noch vor dem Anbruch des zweiten Jahrtausends in Palästina christianisiert wurden. Um die Jahrtausendwende begann sich, von östlichen Quellen inspiriert, im abendländischen Raum das Gebet des »Ave Maria« durchzusetzen, wobei die Orden der Franziskaner und der Dominikaner zu seiner Verbreitung beitrugen. Anfang des 13. Jh. überreichte Maria dem heiligen Dominikus (1170–1221) in einer Vision einen Rosenkranz mit dem Auftrag, mit diesem das »Ave Maria« zu beten, um so für die Erfüllung seiner Anliegen zu bitten. Den

Gläubigen galt der Rosenkranz von nun an als Materialisation einer aus dem Himmel offenbarten Andachtsform. Die Bezeichnung Rosenkranz, die sich im 13. Jh. entwickelte, geht übrigens auf jene Haarreifen und Kränze zurück, die in der Kleidermode des Mittelalters als festlich-schmückende Accessoires beliebt waren. Kränze, aus roten und weißen Rosen gebunden (Abb. 48), waren auch beliebte Votivgaben für die Madonna. Als äußere Zier um ihr Haupt, Sitz des höchsten Erleuchtungszentrums (s. S. 211), gewunden, verweist die Symbolik des Kranzes bereits auf die Bedeutung der Maria geweihten Gebetskette: den Weg zur inneren Erleuchtung zu begleiten. Der Kartäusermönch Adolf von Essen schrieb um 1400 in seiner weit verbreiteten Andachtsschrift »Unser Frauwen Marien Rosengertlin«:

> »(...) daß wir alle Tage in dem Gärtlein unseres Herzens schöne Rosen suchen und finden können, um der ehrwürdigen Mutter Gottes schöne Rosenkränze zu winden«[90].

In diesen Betrachtungen wurde das einzelne »Ave Maria« zur ›Rose‹, deren Blüte sich aus fünf Blättern (den damaligen fünf Teilsätzen) zusammenfügte:

> »Ave Maria (Gegrüßet seist Du, Maria), voller Gnaden, der HERR ist mit Dir, Du bist gebenedeit unter den Frauen; und gebenedeit ist die Frucht Deines Leibes Jesus Christus.«

Dieser Meditation über das Leben von Christus wurde etwa 150 Jahre später der Satz: »Bitte für uns Sünder, jetzt und in der Stunde unseres Todes« hinzugefügt. Somit wurden alle Lebensanliegen der Obhut der barmherzigen Himmelsmutter anvertraut.

Rosen sind, so Friedrich Weinreb, ein »Übergang zum Himmel«[91], da sich in der mystischen Betrachtung ihrer Form und Blätter die Spirale wiederfindet. Als Urform des Lebens ist die Spirale, beispielsweise in der Embryonalbildung oder im Sternennebel, die Grundlage jeder Schöpfung, ein Prinzip des Lebens, das die geistige und materielle Welt – von innen nach außen, von außen nach innen – miteinander verbindet. Das sich ständig wiederholende Gebet des Rosenkranzes kann mit dem Eingehen in eine Spirale verglichen werden, in der sich der Betende durch sein inniges Gebet in immer höhere Schwingungsebenen des Geistes ›erheben‹ kann. Seine umfassende energetische Wirkung, die bis

48 Rosenkranzaltar im Münster (Ausschnitt), zugeschrieben Johann de Pay, 1619, Heiligkreuztal bei Riedlingen

zur Trance führen kann, ließ den Rosenkranz zu einer der wichtigsten Meditationsformen der christlich(-katholischen) Mystik werden.

Im ausgehenden Mittelalter gaben sich zahlreiche Bruderschaften dieser von der Muttergottes durch Visionen bestätigten Andachtsform hin, deren Wirkkraft alsbald unzählige Erhörungen, Wunder und sogar der Seesieg über die Türken bei Lepanto (1571) zugeschrieben wurden. Die Bildaufträge, welche die Rosenkranzbruderschaften für ihre Kirchen und Kapellen sowie für ihre Missionsarbeit erteilten (Abb. 48), ließen im späten Mittelalter vielfältige Interpretationen der himmlischen Rosenkranzkönigin entstehen.

Diese Bilder hoben die Wunder des Rosenkranzes und seine Erleuchtungsdimensionen hervor.

Als Symbol einer spirituellen Bewußtseinserweiterung, einer Reise in die himmlischen Welten, besitzt der weiße Rosenkranz, wie er etwa am Gürtel der Lourdes-Madonna abgebildet wird, auch den Aspekt einer Einladung durch Maria. Sie ist bereit, den Gläubigen auf seiner mystischen ›Gebetswanderung‹ in der Spirale des Rosenkranzes zu begleiten und ihn so die Welt, innen wie außen, in den unterschiedlichsten Lebenssituationen, neu be-greifen zu lassen.

Schmuck und Edelsteine

Gold als ›Metall der Sonne‹ ist Sinnbild der Göttlichen Weisheit, Manifestation des schöpferischen Prinzips aus den »Sphären der Lichtjungfrau Sophia«[92] und entspricht dem Zustand der Erleuchtung, dem höheren Bewußtsein des Menschen. Das mondgleiche Silber, Sinnbild des widergespiegelten Lichtes am nächtlichen Himmel, steht für den Zustand einer reinen ›jungfräulichen‹ Seele (s. S. 52f.). Den Sternen als Offenbarungslichtern entsprechen in kosmischer Vision die Edelsteine. In ihrer kontemplativen Betrachtung offenbaren sich jene tiefen »Geheimnisse der Weltentstehung«[93], die sich in ihrer energetischen Ausstrahlung, ihren facettenreichen Farbwirkungen und besonderen Heilkräften ausdrücken.

Seit dem frühen Mittelalter vergleicht das marianische Schrifttum Edelsteine mit den Tugenden der Muttergottes. Die Auswahl der Steine bezieht sich auf jene zwölf Edelsteine, die im Alten Testament als Sinnbild der zwölf Stämme Israels den Brustschild des Hohepriesters schmücken (Ex 28, 17–21; 39, 10–14) und im Neuen Testament nach der Vision des Evangelisten Johannes die zwölf Grundsteine der Stadtmauer des Himmlischen Jerusalem bilden (Offb 21, 14; 21, 19–21). Mit der Zahl Zwölf weist diese Edelsteinanordnung ferner auf die zwölf Apostel, die zwölf Tierkreiszeichen und die zwölf Monate hin, die sich zum Jahreskreislauf – in spiritueller Entsprechung zum Kranz um die ›ewige Mitte‹ – zusammenfügen (s. S. 189). Somit lag es nahe, mit der wachsenden Verehrung der Himmelskönigin Maria (seit dem 12. Jh.) dieser das

Attribut der edelsteingeschmückten Krone zu verleihen. Als Abglanz ihrer himmlischen Vollmacht in der Schönheit des Himmlischen Jerusalem, als Ausdruck des höchsten Erleuchtungszentrums in der Manifestation des göttlichen Lichtes ist die Krone Sinnbild des Scheitel-Chakras (Farbabb. 9, 11; Abb. 1, 3, 12; s. S. 211).

»Wenn aber der Mensch seine Stellung als König des göttlichen Lichtes verwirklicht hat, der auf alles, was ihn umgibt, verschwenderisch seine Gaben ausstreut«, dann erhält dieses Chakra eine Kraftausstrahlung, »die sich wie ein Dom über dem Haupte als eine wahrhafte Glorienkrone wölbt«.[94]

Als Symbol für den ›Kreis der Ewigkeit‹ erfährt die Krone Mariens in der Kunst des Mittelalters höchste Aufmerksamkeit: Häufig münden die Kronenspitzen der Himmelskönigin in dreiblättrigen Blüten oder Blättern (Sinnbild der wirkenden Dreifaltigkeit Gottes; Farbabb. 9; Abb. 3), sind aus Rosen geformt (s. S. 160) und gleichen, aus Engelgestalten zusammengesetzt, Abbildern der himmlischen Sphären. In der byzantinischen wie in der abendländischen Kunst wurden wundertätige Gnadenbilder als Zeichen der Dankbarkeit mit Kronen und Ketten geschmückt, eine Sitte, die sich an Wallfahrtsorten bis heute erhalten hat, etwa in der Krönung von Madonnenskulpturen, die der Marienerscheinung von Fatima nachempfunden sind.

Die Edelsteine der Marienkrone wurden ferner mit den Grundsteinen des Himmlischen Jerusalem in Beziehung gesetzt und entsprechend interpretiert:

Erster Grundstein: Als Sinnbild des Glaubens, der Schönheit und Jungfräulichkeit sowie des Schutzes, den die heilige Mutter in allen Anliegen schenkt, gilt der grüne Jaspis.

Zweiter Grundstein: Die reine, dem Blau des wolkenlosen Himmels entsprechende Farbe des Saphirs ist »schön wie Du Herrin, Immaculata, wie Deine Tugenden«[95]. Das Blau dieses Steins symbolisiert auch den kontemplativen Zustand, in den Maria führt.

Dritter Grundstein: Der zart grau-blaue, milchig-trübe Chalzedon, durch ›Himmelstau‹ (›Himmelsmilch‹) entstanden und nur unter freiem Himmel leuchtend, verkörpert die sophianischen

Aspekte Mariens (ihre ›Weisheitsmilch‹). Er verhilft seinen Trägern zur weisheitsvollen Rede. Auch beruhigt er – wie die Madonna – sich fürchtende und ängstliche Menschen und verleiht Siegeskraft gegen dämonische Anfechtungen.

Vierter Grundstein: Sein lieblicher, frühlingsgrüner Schimmer läßt den kostbaren und überaus heilkräftigen Smaragd ohne jede Trübung erscheinen – gleich dem reinen Glauben Mariens.

Fünfter Grundstein: Der schwarz-rot-weiße Farbdreiklang des äußerst wertvollen Sardonyx symbolisiert bedeutende Lebenstugenden Mariens, das ›Schwarz der Tiefe‹ ihre Erniedrigung und Demut, das Rot glühende Caritas, das Weiß ihre Reinheit. Daher fördert die Ausstrahlung des Sardonyx das Wachstum der Marientugenden – Bescheidenheit, Züchtigkeit und Schamhaftigkeit.

Sechster Grundstein: Der bräunlich-rote Sarder gilt als Sinnbild des Gehorsams der Gottesmutter. Als Heilstein bringt er Blutfluß zum Stillstand und erweist sich von großer Hilfe bei schweren Geburten. In spiritueller Interpretation beeinflußt er die Seele des Menschen zur Umkehr von Sünden und verhilft zur geistigen Wiedergeburt.

Siebter Grundstein: Der durchsichtig gold-grün schimmernde Chrysolith symbolisiert die Frömmigkeit Mariens. Seine Ausstrahlung läßt negative Gedankenkräfte und Dämonen weichen und bringt Freude und Begeisterung durch die ›Reinigung‹ des Bewußtseins.

Achter Grundstein: Als jungfräuliche Mutter ist Maria der kristallähnliche Beryll, durch den das göttliche Licht Feuer (Christus) entzündet hat.

Neunter Grundstein: Der vielfarbige Topas – er kann farblos, rosa, hellblau, grünlich oder braunrot sein – vermag, entsprechend geschliffen, als konkaver Spiegel ein Bild in umgekehrter Spiegelung zu zeigen – Symbol der höchsten Würde wie Erniedrigung von Jesus Christus. Sein Glanz und seine Reinheit wurden zu Sinnbildern des reinen Gewissens, der Heiligkeit und der vielfarbig schimmernden Weisheit Mariens, »dem Spiegel ohne Makel«[96].

Zehnter Grundstein: Der apfelgrüne oder auch blaß golden scheinende Chrysopras leuchtet in der Nacht, wirkt im Tageslicht aber eher dunkel und verborgen, was als Ausdruck der sich im Verborgenen offenbarenden Weisheit der Gottesmutter gilt. Dieser Edelstein verjagt alle Habsucht und macht den Blick frei für geistige Werte.

Elfter Grundstein: Der braunrote Hyazinth, zu den Zirkonen gehörend, steht, ist er geschliffen, in seiner optischen Wirkung den Diamanten sehr nahe, geht aber in seiner Heilwirkung weit über diese hinaus. Seine Ausstrahlung bannt Trugbilder, Suchtkrankheiten und übermäßige Sinnlichkeit und entspricht damit der Klarheit und Tugend Mariens.

Zwölfter Grundstein: Der violette Amethyst, dessen Farbe der Demut zugeordnet wird, gilt als Ausdruck der tiefen Weisheit Mariens und ihrer Mäßigkeit.

In der marianischen Literatur des Mittelalters wird ferner der funkelnd-rote Rubin genannt, den man mit Barmherzigkeit und dem Licht assoziiert, das die Mutter des Heilands der in der Finsternis wandelnden Menschheit darbrachte. Der Rubin erfreut sich in den Darstellungen des Marienschmucks jener Epoche großer Beliebtheit (Abb. 3).

Zu vermerken bleibt, daß man keineswegs von einer systematischen Darstellung aller Edelsteinaspekte in der Malerei oder Schmuckdekoration von Marienbildern sprechen kann. Die Kostbarkeit und Seltenheit einzelner Steine machte es zumeist unmöglich, die Marienkrone, den Mantelsaum oder das Gewand real mit den wichtigsten zwölf Edelsteinen zu dekorieren. Wurden diese ›nur‹ gemalt, konzentrierten sich die Künstler vor allem auf die Wiedergabe derjenigen Steine, die ihnen bekannt waren und die ihnen, im Hinblick auf die Aussage ihres Werkes, als besonders bedeutsam erschienen.

Jedes Tor des Himmlischen Jerusalem besteht aus einer einzigen Perle (Offb 21, 21) und bildet einen mystischen Grenzbezirk, in dem sich Irdisches und Geistiges gegenseitig durchdringen. In der Antike galten die regenbogenfarbig schimmernden Perlen als kostbare Juwelen. Die Mythologie deutete sie als die Materialisation einer Begegnung zwischen Himmel und Erde – als Himmelstau oder als Frucht eines Blitzeinschlages (in eine Muschel) – und ordnete sie Göttergestalten als dekorative Attribute zu. Auch der

Schmuck der Himmelskönigin Maria zeichnet sich (im späteren Mittelalter wie in den Gnadenbildern der Neuzeit) häufig durch eine verschwenderische Fülle von – gemalten oder echten – Perlen aus. Jesus nennt in einem Gleichnis des Neuen Testaments das Himmelreich eine Perle (Mt 13, 45 f.), und die christliche Symbolik deutet das Bild der Perle sowohl in Beziehung zu Christus als auch zur jungfräulichen Mutterschaft Mariens (Christus wächst in ihr heran wie eine Perle in einer verschlossenen Muschel). Ebenso wird die sanfte und unvergleichliche Schönheit der Heiligen Jungfrau mit einer Perle verglichen. Die Perlen – aus dem Element des Wassers, dem Sinnbild der strömenden Zeit, kommend – gelten aber auch als jene geistig verwandelten Tränen, die Maria während ihres Lebensweges (vor allem bei der Kreuzigung ihres Sohnes) vergoß und denen in der volkstümlichen Marienverehrung der Neuzeit besonderer Raum gegeben wird. Das Bild der Tränen-Perle ist von weitreichender spiritueller Symbolik, gilt doch die Gabe der Tränen den Meistern der christlichen Mystik (in der Nachfolge des weinenden Christus) als Gnadengabe des Heiligen Geistes.

> Das Mysterium der Tränen bezieht sich auf »das feinstoffliche Fluidum spiritueller und seelischer Natur, das vom Herzen ausströmt, d.h. vom ›zwölfblättrigen‹ Lotos der überphysischen Natur des Menschen. (...) Die Tatsache, daß es Tränen des Schmerzes, der Freude, der Bewunderung, des Mitleides, der Zärtlichkeit usw. gibt, bedeutet, daß die Träne durch die Intensität des Inneren Lebens entsteht«.[97]

Die Immaculata der Wallfahrtskirche Maria Birnbaum (Abb. 49; s. S. 158) trägt einen breiten Perlenreif aus Lilienblüten, der mit dem Halsband aus Perlen und Korallen (Heilmittel gegen den ›bösen Blick‹) und dem reichen Perlen-Lilienstock in ihrer linken Hand korrespondiert. Auch wenn hier der Perlenschmuck vor allem die Jungfräulichkeit Mariens betonen soll, verweist er als Tränenbild auf den Kummer und die Schmerzen, welche die Heilige Jungfrau in ihrem zukünftigen Erdenleben ertragen wird, und zugleich auf die Läuterung und verklärte Transzendierung des Leides als ›himmlischer Schmuck der Seele‹.

Maria, auf der Mondsichel stehend, breitet ihren weiten, blauen Mantel über der golden-verklärten Weltkugel aus. Die üppigen

49 Kopie der Freisinger Madonna, Kapuzinerkirche Maria Birnbaum, Sielenbach

Goldranken, die den Mantel und Mariens weißes Kleid schmücken, sind von den Psalmversen inspiriert:

> »Zu deiner Rechten steht die Königin im goldenen Gewand, in bunte Pracht gehüllt.« (Ps 44, 10)

Die symbolischen Blumenstickereien des Mariengewands gehen auf Visionen und legendäre Marienerzählungen zurück bzw. entstanden, so heißt es, durch die andächtigen Gebete jener Gläubigen, die Maria ihre meditativen Gedankenformen als ›geistigen Schmuck‹ schenkten.

> Der heiligen Gertrud erschien »die gnadenreiche Jungfrau, geschmückt mit einem grünen, von goldenen dreiblättrigen Blumen glänzenden Mantel, und sagte: ›Sieh, so viele Worte jede von denen, in deren Namen du mir dies darbringst, gebetet hat, ebenso viele Blumen hat sie zu meinem Schmuck hinzugefügt (...)‹.«[98]

Im 19. und 20. Jh. ging in den kirchlichen Muttergottesdarstellungen der spirituelle Aspekt von Schmuck und Ornamentik weitgehend verloren und wurde als nicht mehr zeitgemäße Betrachtungsweise zugunsten einer schlicht-einfachen Maria häufig abgelehnt. Und dies, obwohl alle wichtigen Marienerscheinungen des 19. Jh. detaillierte Beschreibungen des himmlischen Schmucks ermöglichten – von der lebendig-schimmernden Krone aus Lichtrosen (La Salette), den mit kostbaren Edelsteinen besetzten Ringen, die Heilstrahlen aussenden (Paris, Rue du Bac) bis zur Kette mit dem Kreuz (Lourdes; s. S. 146). Nur vereinzelt finden sich zeitgenössische ›geschmückte‹ Marienbilder, so beispielsweise im Werk von Sulamith Wülfing (1901–89) und in Gemälden der Malmystikerin Maria Magdalena Hafenscheer (1892–1968).

Mantelhüllen

Der Mantel ist in der Bibel ein gebräuchliches Bild für die Schutzhülle und erweiterte Ausstrahlung eines Menschen. Er wird zum Symbol der Aura, die den Menschen aufgrund seiner Werke und Tugenden umgibt. Ijob ist durch die Tugend seiner Gerechtigkeit bekleidet wie mit einem Mantel (Ijob 29, 14). Aufrichtiges Erbarmen, Güte, Demut, Milde, Geduld sollen die Kleider eines Christen sein (Kol 3, 12). Aber das Gewand ist auch Ausdruck der göttlichen Kräfte, die einen Menschen ›wie einen Flügel‹ überschatten (Ps 17, 8). Jesus Christus ist das Gewand aller Getauften (Röm 13, 14).

In der christlichen Kunst wird neben dem Gewand der Mantel zum Attribut der Muttergottes. Die Symbolik der Schmuckelemente, die auf der Mantelaußen- und manchmal der Innenseite dargestellt sind, verdeutlicht die himmlische Vollmacht Mariens.

Die Verehrung des Marienmantels ist uns seit dem 5. Jh. aus Konstantinopel überliefert. Im aufblühenden Reliquienkult ersetzten die Gewänder Mariens ihre nicht vorhandenen Körperreliquien. Unter Kaiser Leon I. (457–474) gelangte das legendäre Mantelkopftuch der Gottesmutter nach Konstantinopel, das der Legende nach in ihrem leeren Grab zu Jerusalem aufgefunden worden war. Das Maphorion wurde in der bildenden Kunst alsbald mit Borte und drei Sternen, zweien auf der Brust und einem oberhalb der Stirn, dargestellt (s. S. 87f.). In der Blachernenkirche aufbewahrt, zog es wegen seiner Wunder- und Heilkraft alsbald große Pilgerströme an.

Schutzmantel
(Festtag: 8. November)

Die Ikonographie des schützenden Marienmantels, unter den sich ihre Verehrer drängen, geht auf römische Votivbilder zurück. Münzen der ersten drei Jahrhunderte nach Christus zeigen Kaiser und Feldherren unter dem Schutzmantel des höchsten Gottes Jupiter versammelt – Ausdruck ihres Dankes für dessen zum Sieg führenden Beistand im Krieg. Aus den römisch-germanisch-keltischen Kulten um die ›matrones‹ – Muttergottheiten, an Quellheiligtümern und Frauenheilbädern verehrt – sind Skulpturen erhalten, die mit ihrem Schutzmantel die hilfesuchenden nackten Frauen und deren Kinder bedecken. In der Ausbildung des Schutzmantelmotivs gingen jedoch der östliche und abendländische Kulturbereich unterschiedliche Wege.

In der byzantinischen Kunst

Die Stadtbevölkerung Konstantinopels schrieb der Mantelreliquie Mariens in den folgenden Jahrhunderten (Ende des 5. Jh. bis zur Vernichtung der Reliquie im Jahre 1434 durch den Brand der Blachernenkirche) Schutz und Rettung in Kriegszeiten, bei Pestepidemien und bei Erdbeben zu. In seiner Dankrede, die der Patriarch Photios anläßlich der Rettung der Stadt vor russischer Eroberung (im Jahr 860) hielt, schildert er den mystischen Beistand des Marienmantels.

> In der aussichtslosen Situation der Belagerung hatte man »in einer Bittprozession ihren Mantel um die Mauern der Stadt getragen, woraufhin das Wunder der Rettung geschehen war (...) der Mantel habe die Mauern umfangen, die Stadt habe sich darin eingehüllt und damit bedeckt«.[99]

Im 10. Jh. soll sich in der Blachernenkirche allwöchentlich ein Wunder wiederholt haben. Während der Kommemorationen, die stets in der Nacht von Freitag auf Samstag stattfanden, erhob sich der Vorhang über der berühmten Ikone, der Blacherniotissa (s. S. 214), von selbst. Inmitten dieses Wundergeschehens wurde in einer Freitagnacht dem Einsiedler Andreas († 956 oder 936) die Vision ›der Herrin und Gebieterin der Welt‹ zuteil, die in Begleitung von Johannes dem Täufer, Apostel Johannes und zahlreichen anderen Heiligen an der Reliquienstätte erschien:

> »Und sie beugte ihre Knie und betete lange Zeit, wobei Tränen über ihr gottspiegelndes und allreines Angesicht rannen. Nach dem Gebet aber schritt sie auf den Altar zu und flehte für das umstehende Volk. Als sie ihr Gebet beendet hatte, hob sie ihr Maphorion, das sie auf ihrem allreinen Haupt trug und welches glänzend war wie ein Blitz, in anmutiger Würde mit ihren allreinen Händen ab. Es war groß und furchterregend anzuschauen. Sie nahm es und breitete es über das ganze dort stehende Volk aus. Dieses Schauspiel sahen die Bewunderungswürdigen geraume Zeit und sie nahmen wahr die Herrlichkeit des Herrn wie leuchtendes Bernstein.«[100]

Diese Vision trug in der Ostkirche zur Entwicklung der Ikone *Mariä Schutz* bei. Eine russische Version dieses Motivs aus dem späten 16. Jh. gibt das Ereignis in einer musikalisch anmutenden Komposition in den strahlenden Farben von Gelbgold, Rot und Grün wieder (Abb. 50).

»Mariä Schutz«, russisch, Ende 16. Jh., Museum Kolomenskoe

Während unten rechts im Bild der visionäre Heilige erzählend emporzeigt, schwebt die Muttergottes als Orantin (s. S. 211) im Bildzentrum über allen Gläubigen im Kirchenraum. Cherubim (Engel) umgeben als Aura die himmlische Mutter und erscheinen wie eine beseelte Erweiterung des Mantels. Zwei Erzengel beten und verehren die heilige Erscheinung mit andachtsvoller Geste. Durch die Aureole scheint Maria aus der kosmischen Dimension herauszutreten. Als mächtige Himmelsherrscherin wird sie von einem gewaltigen sechsflügeligen Cherub getragen, wodurch ein göttlicher Akt, aus der Frühzeit der Schöpfungsgeschichte berichtet, eine Übertragung auf Maria erfährt:

»Er fuhr auf dem Kerub und flog daher;/ er schwebte auf den Flügeln des Windes.« (2 Sam 22, 11)

Über Maria zieht sich als feuriger Bogen die Mantelhülle, ebenfalls links und rechts von Engeln gehalten, und breitet sich über die gesamte Kirchengemeinschaft aus. Der Mantelbogen bildet so eine Brücke und zugleich die Trennungslinie zwischen der Sphäre des Himmlischen Jerusalem und dem Innenraum der Blachernenkirche. Er symbolisiert so eine erleuchtete Bewußtseinsschicht. Vor dem obersten Turm der Himmelsstadt erscheint halbfigurig Christus, von den Flammenflügeln der Seraphim (höchste Engel der göttlichen Liebe) umgeben, und breitet segnend seine Hände aus. In dieser Gegenüberstellung von himmlischer und irdischer Welt erscheint Maria als entscheidende Mittlergestalt der göttlichen Segenskräfte. Für die versammelte Gemeinde auf dem Bild erfüllt sich die Verheißung der Sophia:

»Wer das Heilige heilig hält, wird geheiligt,/ und wer sich darin unterweisen läßt, findet Schutz.« (Weish 6, 10)

Ein selteneres byzantinisches Motiv zeigt eine armenische Buchillustration (um 1270), auf der Prinz Vasak seine beiden Söhne unter den Mantelschutz Mariens stellt (Abb. 51). Maria ist alleinige Vermittlerin, Fürbitterin, Wegweiserin zu Christus, der als stren-

◁ 51 »Die Jungfrau Maria führt Prinz Vasak und seine beiden Söhne vor Christus«, um 1270, zweites Stifterbild des Prinz Vasak-Evangeliars, Jakobuskirche des armenischen Klosters, Jerusalem

ger, zürnender Weltenherrscher und Richter auf dem Thron sitzt. Während der göttlich-männliche Aspekt, durch Christus vertreten, furchterregend, fast beängstigend erscheint, wirkt das Gesicht Mariens lieblich, bittend und flehend, so daß die patriarchalen Strukturen mit dieser Gestaltungsweise in die spirituelle Weltsicht transformiert werden.

In der abendländischen Kunst

Die Sehnsucht nach den weiblichen Elementen der Spiritualität, denen in den hierarchisch geprägten Bildern von Gottvater (und der Abwesenheit einer Gottmutter) nur ›untere‹ Ränge zukommen, führte im Europa des 14. und 15. Jh. zur Ausprägung der *Schutzmantelmadonna,* der *Mutter der Barmherzigkeit.* Anklänge an dieses Motiv finden sich im abendländischen Raum in den Darstellungen der Flucht nach Ägypten (Farbabb. 4), in denen Maria ihren Mantel schützend um das Jesuskind legt. Das verselbständigte Schutzmantelmotiv verbreitete sich im gesamten abendländischen Kulturbereich des 14. und 15. Jh. (und später in der barocken Kunst des kolonisierten Lateinamerika). In dieser Epoche machten Visionen bekannter Heiliger den Schutzmantel zum Mittelpunkt ihrer Betrachtungen. So sprach Maria zur heiligen Birgitta (1303–73) in einer Erscheinung:

> »Mein weiter Mantel ist meine Barmherzigkeit (...) Komm du also, meine Tochter, und verbirg dich unter meinem Mantel.«[101]

Orden und religiöse Bruderschaften wählen, von Oberitalien ausgehend, seit dem 13. Jh. das Schutzmantelmotiv als Vereinsbild auf Fahnen und Tafeln, verstehen sich doch die jeweiligen Gemeinschaftsmitglieder als ›geistige Kinder‹ Mariens. Frühe Schutzmanteldarstellungen verbinden sich unter dem Einfluß byzantinischer Vorbilder mit der Ikonographie der Madonna Platytera (Abb. 65; s. S. 215 f.), die das Erwachen des Christuslichtes in der menschlichen Seele verkörpert und somit das Ziel des ›Schutzmanteldaseins‹ verdeutlicht. Die Pest und die Nöte jener Epoche, in denen die Menschen das Gericht eines strafenden und zürnenden Gottes erleben, trugen weiter dazu bei, sich ›als Kind‹ unter den Mantel der himmlischen Mutter zu flüchten, die bald, im Bild einer Göttin gleich, als übermächtige Himmelskönigin mit prächtiger Krone dargestellt wird und die Angriffe eines mit Pfeilen schießenden Gottvaters abwendet. Verbindungen zur Ikonographie der Ecclesia sind hier ebenfalls naheliegend (s. S. 192).

Das Bild des Schutzmantels der Muttergottes besitzt im Mittelalter konkrete Bezüge zum Rechtsleben. Vorehelich geborene Kinder erhielten ihre nachträgliche Legitimation oder Adoption, die Mantelkindschaft, wenn sie während der Trauung unter dem Mantel der Mutter Platz fanden, eine Fortsetzung des römischen Adoptionsrechts. Auf germanische und keltische Rechtsbräuche geht die Mantelflucht zurück, die Verfolgten Begnadigung, Schutz und Asyl gewährte, wenn sie sich unter den Mantel hochgestellter Persönlichkeiten flüchten konnten. Dieser Brauch hatte – nach der Christianisierung – die alte Sitte abgelöst, im heiligen Hain unter dem Mantel von Priesterinnen Schutz zu suchen, so daß auch im Schutzmantelmotiv vorchristliche Bräuche fortleben. Der soziale Aspekt dieser Thematik korrespondiert dabei in besonderer Weise mit der Spiritualität, denn unter dem himmlischen Mantel Mariens, der sich wie schützende Schwingen über die Hilfesuchenden breitet, sind alle Menschen gleich, wobei auf Maria ein Psalmvers übertragen wird:

»Er beschirmt dich mit seinen Flügeln,/ unter seinen Schwingen findest du Zuflucht.« (Ps 91, 4)

Der Zugang zum Mantel steht, wie die Visionen und Legenden gerne berichten, *allen* offen, ein Moment, das in der von Hierarchien geprägten mittelalterlichen Gesellschaft nicht selbstverständlich ist, sondern sozialrevolutionäre Züge enthält.

Auf dem heutigen Gnadenbild des Münchner Doms zu Unserer Lieben Frau, das der Münchener Stadtmaler Jan Polack 1509 als Votivbild der Familie Sänftl schuf (Abb. 52), bildet der Schutzmantel Mariens eine gewaltige wolkenförmige Aura um die dichtgedrängt stehenden Gläubigen. Maria gleicht in ihrer Erscheinung mit dem Ährenkleid und den langen geöffneten Haaren den alten Darstellungen der Fruchtbarkeitsgöttinnen (s. S. 152) und erscheint als der Archetypus der ›Erdmutter‹. Ihr Mantel weckt Assoziationen an das Himmelszelt, das nicht nur von ihr, sondern auch von den kosmischen Kräften der Erzengel gehalten und ausgebreitet wird und alles Leben umhüllt. In besonderer Weise verdeutlicht diese Darstellung die Worte des Apostels Paulus:

52 »Schutzmantelmadonna«, Jan Polack, 1509, Votivbild der Familie Sänftl und Gnadenbild im Dom zu Unserer Lieben Frau, München

»Denn dieses Vergängliche muß sich mit dem Unvergänglichen bekleiden (...)« (1 Kor 15, 53). »Im gegenwärtigen Zustand seufzen wir und sehnen uns danach, mit dem himmlischen Haus überkleidet zu werden.« (2 Kor 5, 2)

›In‹ der Mutter sein, sich bewußt die Geborgenheit des Mutterschoßes zu vergegenwärtigen, beschreibt als spirituelles ›Raumerlebnis‹ den Zustand von innerem Wachstum und Transformation, der bis zur Reife eines mächtigen göttlichen Schutzes bedarf.

»Denn derjenige, der im Sinne der Tiefe und Höhe im Bereich des Unsichtbaren fortschreitet, wird eines Tages in der Sphäre ankommen, die bei den Esoterikern unter dem Namen ›Lügengürtel‹ bekannt ist. Diese Zone umgibt die Erde wie ein Gürtel trügerischer Luftspiegelungen. Es ist die Zone, die die Propheten und die Apokalypse als ›Babylon‹ bezeichnen. Die Seele und Königin dieser Zone ist in der Tat Babylon, die große Hure, die die Widersacherin der Jungfrau ist. Nun kann man diese Zone nicht durchschreiten, ohne eingehüllt zu sein in vollkommene Reinheit. Man kann sie nicht durchschreiten, ohne den Schutz des ›Mantels der Heiligen Jungfrau‹ – des Mantels, der in Rußland Gegenstand und Anbetung eines besonderen Kultes war.«[102]

Der ›Gebärmutteraspekt‹ des Schutzmantelmotivs findet sich in einer Buchinitiale von Fra Angelico (um 1430 entstanden; Abb. 53) dargestellt. Das Sternzeichen der Fische, das hier ornamenthaft die Schutzmantelmadonna und betende Angehörige des Dominikanerordens umschließt, veweist nicht nur auf den Monat März, sondern erinnert durch die Betonung des wäßrigen Elements an die Entwicklung des werdenden Kindes im Fruchtwasser des Mutterleibs. Deutlich wird dies durch die formale Bildteilung, die den Hilfesuchenden in der unteren Sphäre durch den blauen Fisch von der

53 »Schutzmadonna der Dominikaner«, Fra Angelico, um 1430, Museo di S. Marco, Florenz

himmlischen Mutter trennt. Blau ist auch die Farbe des Unterbewußtseins, der nächtlichen, weiblichen Seite. Die Innenseite des Schutzmantels leuchtet in einem intensiven Grün, Symbol der Lebenskräfte des Heiligen Geistes, in welche die Marienverehrer getaucht sind.

Aufgrund der weiblich-spirituellen Aussagen und der großen Verehrung, die der Schutzmantelmuttergottes zuteil wurde, erregten ihre Bildnisse zunehmend theologischen Widerspruch. Das Konzil von Trient (1545–63) verbot schließlich ihre Darstellung – das Bild der mächtigen Madonna legte angeblich Gottgleichheit nahe.

Das volkstümliche Motiv ließ sich nicht gänzlich aus dem religiösen Kult verbannen. Noch bis in das 19. Jh. findet sich das Schutzmantelmotiv im Umfeld von Wallfahrtskirchen auf Andachts- und Votivtafeln, wobei sich jedoch die Gestaltung veränderte. Die Gläubigen stehen nicht mehr dichtgedrängt in den Mantel eingehüllt, sondern unter der ›weit oben‹ schwebenden Maria, die ihren Mantel ausbreitet, eine Entfernung und Entfremdung vom mütterlich-umhüllenden Aspekt Mariens und dem Wissen um seine mystische Bedeutung (Abb. 5).

Darüber hinaus lebte das Motiv in den Rokoko-Darstellungen der *Guten Hirtin* wieder auf, die Maria als liebliche Schäferin zeigen, (Christus-gleich) Lämmer und Schafe unter ihrem Mantel verbergend.

Im 20. Jh. greift der anthroposophische Maler und Dichter Albert Steffen (1884–1963) das Schutzmantelmotiv in einigen seiner Arbeiten auf, so in »Gute Hirtin«, »Madonna mit Vogel und Lamm« oder im ganz neuen Kontext der »Hadesfahrt« (1934; Abb. 54). Das kleine, intime Aquarell verkörpert die Sehnsucht des Künstlers, gemeinsam mit seiner bereits verstorbenen Tochter Felicitas und seiner Frau Elisabeth ›heimzukehren‹. Die Muttergottes erscheint als große, mächtige, alles umhüllende Steuerfrau, die ein kleines Boot mit der Familie des Dichters über den ›Fluß des Lebens‹ in die ewige Heimat lenkt. Auch hier ist Maria, ganz im Sinne der Tradition, mit dem Typus der Platytera verbunden. Das Blaugrün ihres Mantels gibt den nächtlichen Zustand der Stille und kosmischen Weite des Hinübergehens wieder. Anstatt einer Krone trägt sie eine Art Helm, aus zwei Vögeln gebildet, die sich als

54 »Hadesfahrt«, Albert Steffen, 1934, Albert Steffen-Stiftung, Dornach

Taubenpaar (das alte Hochzeits- und Liebesmotiv) gegenüberstehen. Das purpurne Segel des Bootes bildet zugleich die Flügelaura der Muttergottes. Diese erscheint vor dem nächtlichen Hintergrund des Bildes aber auch wie eine Flamme, die den Rückweg der Seelen beleuchtet. Unter diesem mächtigen Schutz blicken die Seelen der Verstorbenen, eng aneinandergeschmiegt, mit großen Augen in die Ferne. Ihre Gewänder, orange, gelb und grün, leuchten im ›Licht des ewigen Lebens‹.

55 »Liebesflamme des unbefleckten Herzens«, Gnadenbild nach einer Vision in Polen

In der populären katholischen Andachtskunst tauchte vor einigen Jahren eine neue Variation der Schutzmantelmadonna auf, die weite Verbreitung gefunden hat. Auf diesem Gnadenbild, »Liebesflamme des unbefleckten Herzens« (Abb. 55), dem eine private Offenbarung der Gottesmutter in Polen zugrunde liegen soll, hält eine mädchenhaft-liebliche Maria in ihrer Mantelschürze die unzähligen Herzen der ihr anvertrauten Menschen geborgen. Die Heilige Jungfrau reicht jedes einzelne Herz nach oben, an das mit dem Dornenkranz gezeichnete Herz von Jesus Christus und rettet es ins göttliche Licht. Der traditionelle Aspekt der im Schutzmantel stattfindenden Transformation und Umwandlung ist gleichfalls aufgegriffen und in inniger Andacht dargestellt.

Wolkenmantel

In der spätgotischen Malerei erhält der Marienmantel als Bildträger besonderer Form- und Farbenergien eine eigene Dimension. Die oft gewaltige Fülle des Mantels umschließt Maria wie eine Wolke, grenzt sie von ihrer irdischen Umgebung ab und erhebt sie in himmlische Gefilde, etwa auf den Verkündigungsszenen von Jan van Eyck (Abb. 57, 60).

Diese Art der Darstellung erinnert an die Vorstellungswelt frühzeitlicher Mythen: Fruchtbarkeitsgöttinnen in der Gestalt von ›Himmelskühen‹ – den Wolken – befeuchten und ernähren die Erde mit ihrem ›Milchregen‹. Und eben dieses archetypische Bild der Großen Mutter findet seine Fortsetzung in der christlichen Malkunst dort, wo Maria in spiritueller Entsprechung als himmlische ›Wolke‹ erscheint – wie es häufig Verkündigungsszenen zeigen, die den Moment ihrer Fruchtbarkeit, die Empfängnis, darstellen. In der Bibel ist die Wolke ein häufig zitiertes Bild (Klammeranmerkung von der Autorin):

> »Sie [die Wolke] ist das Zeichen, daß es die Verbindung zwischen Himmel und Erde gibt, daß die Beziehung in der Schöpfung durchbricht (...) Gott spricht aus der Wolke und erscheint in der Wolke.«[103] »In der Wolke ist eine Harmonie aller Formen, das Gespräch mit Gott bringt schon Harmonie für die Welt. Aber es ist eine Harmonie von Ewigkeiten zu Ewigkeiten.«[104]

Dies bedeutet aber auch, daß sich der Mensch – wie Moses (Ex 24, 18) – in das Gewand, in den Zustand der Wolke hüllen muß, um Gott begegnen zu können. So wird der Wolkenmantel zum Zeichen des nahenden ›fruchtbaren‹ göttlichen Wortes, das aus der Wolke ›wie der Regen auf die Erde‹ (Symbol der empfangenden Seele) strömt:

> »Denn wie der Regen und der Schnee vom Himmel fällt/und nicht dorthin zurückkehrt, sondern die Erde tränkt und sie zum Keimen und Sprossen bringt,/wie er dem Sämann Samen gibt und Brot zum Essen, so ist es auch mit dem Wort,/das meinen Mund verläßt: Es kehrt nicht leer zu mir zurück,/sondern bewirkt, was ich will,/und erreicht all das, wozu ich es ausgesandt habe.« (Jes 55, 10f.)

Die byzantinische Malerei greift das Motiv des wolkenförmigen Marienmantels seltener auf. Charakteristisch für byzantinische Darstellungen des Mantels sind die stilisierten Goldzeichnungen des Faltenwurfes – himmlische Blitze, welche die Seelen erleuchten.

Auf einem meiner Gemälde umgibt ein beseelter Wolkenkranz aus Engeln als eine Mantelaura die kosmische Vision der Madonna mit dem Kind (Farbabb. 11). In blaues Licht getaucht, über der weiten Landschaft im geöffneten Himmel schwebend, ist das Bild dem Festtag Maria von den Engeln (2. August) geweiht.

Sternenmantel

»Sei gegrüßt, Stern, der der Sonne vorausleuchtet ...«[105]
(Marienhymnus von Romanus dem Meloden; 490–ca. 550)

Die Weltenmutter und göttliche Jungfrau der Ägypter ist Isis. Ihre Attribute sind der Halbmond und die Sterne. Als Schöpferin des Sternenhimmels trägt sie den Himmelsmantel und lenkt die Bahnen von Sonne, Mond und Sternen. Sterne umgeben sie, wird sie bildlich dargestellt, und ihre astralmythologische Vision geht in die Bilder des blauen kosmischen Sternenmantels der Muttergottes ein, der wie das Himmelszelt über die Schöpfung ausgebreitet ist. Neben der frühen christlichen Interpretation des – mehrdeutigen – Namens Maria als ›Meeresstern‹ trägt auch die Beschreibung der Sophia im Buch der Weisheit zur Legitimation des Sternenattributes bei:

> »Sie wurde ihnen am Tag zum Schutz und in der Nacht zum Sternenlicht.« (Weish 10, 17)

Als Abbild der kosmischen Harmonie, die sich in festgefügten Bewegungsabläufen am Himmelszelt manifestiert, symbolisieren Sterne in der frühchristlichen Kunst die ewige Seligkeit der ›Hinübergegangenen‹. Eine ähnliche Vorstellung findet sich auch in den germanischen Mythen, die vom Glerhiminn, vom ›Glanzhimmel‹, erzählen, dem Ort, wo die Seelen der Verstorbenen wohnen und aus dem sie durch die Augen der Sterne (gemeinsam mit den engelähnlichen Elben) nach unten, zu den Menschen blicken. Dieses geheimnisvolle Reich der Seelen wird oftmals auch als ›Glasberg‹ bezeichnet, der zu den Sphären der Göttin Holda gehört. Noch im 13. Jh. setzte die höfische Poesie die Bildwelt des christlichen Paradieses mit jener des Glasberges gleich. Der ausgebreitete zeltförmige Schutzmantel auf Muttergottesbildern (vornehmlich Wallfahrtsbildern) erinnert in seiner Form an ein Dreieck und damit an einen spitzen Berg, so daß Analogien zum kosmischen Glasberg naheliegen. Das Empfinden der weiten, schweigenden Nacht, die sich im Bild des Sternenmantels (Farbabb. 1) widerspiegelt, entspricht dem Zustand der Einsicht und Inspiration, in dem die Sterne als »Offenbarungslichter«[106] wirken. Das Leuchten der goldenen Sterne, der ›Himmelsaugen‹ auf dem nächtlich-tiefblauen Untergrund, gewährt dem andächtigen Betrachter Hoffnung, Licht und Orientierung in ›der Nacht des Lebens‹, so daß der schwedische Mystiker Swedenborg Sterne auch als Erkenntnisse des Guten und Wahren bezeichnet.

Schleier der Milchstraße

Auf dem Bild des böhmischen Meisters (um 1350 entstanden; Farbabb. 1) trägt Maria als Himmelskönigin, im Stil der Schönen Madonnen jener Epoche gemalt, neben dem blauen Sternenmantel den weißen Schleier. Die Anlehnung an byzantinische Vorbilder ist hier deutlich zu erkennen.

Der Schleier birgt Elemente, die weit in die vorchristliche Zeit zurückreichen. In den Gesellschaften der Antike galt die Verhüllung des Antlitzes mit einem Schleier als Abwehrgeste gegen negative Kräfte. Der weiße Brautschleier sollte das junge Mädchen vor den Angriffen der Dämonen bewahren, vor den Totengeistern schützte der Trauerschleier. Die römischen Vestalinnen trugen als jungfräuliche Bräute der Gottheit einen weißen Schleier, der mit Purpur eingefaßt war und der vor der Welt betonte, daß sie im heiligen Dienste standen, eine Tradition, auf die dann später die Ordensfrauen als ›Bräute Christi‹ zurückgriffen. Die Göttin Demeter wurde in den eleusinischen Mysterien als Trägerin des glänzenden Schleiers verehrt. Ishtar, die Göttin der Liebe (s. S. 124), trug als Ausdruck ihrer Vollkommenheit und Unangreifbarkeit, aber auch der Bewußtseinsebenen oder ›Stufen der Einweihung‹, die zu ihren Mysterien führten, sieben Schleier, was Assoziationen an die sieben Gaben des Heiligen Geistes weckt (s. S. 124). Die Mythen der germanischen Göttin Holda (oder Freya) beschreiben ihr langes, goldgelbes Haar und den Schleier, der tief über ihren Rücken hängt und mit dem sie manchmal ihr Gesicht verhüllt. Wahrscheinlich ist diese Vorstellung von der astralmythologischen Betrachtung her inspiriert und bezieht sich auf den nächtlichen Anblick der Milchstraße, die sich wie ein weißer Schleier über den Nachthimmel zieht.

> Wenn die Göttin »im lang nachwallenden Schleppkleid um die heilige Zeit des Mittwinters umgeht, schleift sie ihren Spinn-Rocken (vgl. ›Frickas-Rocken‹ = Orionsgürtel!) hinter sich her, gefolgt von den Seelen verstorbener Kinder, die auf ihr Geheiß das Land bewässern und es dadurch segnen müssen. (...) Nun ist Holda, die im Sturmwind mit den Seelen der Verstorbenen im Gefolge des wilden Jägers durch die Lüfte braust, zugleich eine Form der Hel, der germanischen Totengöttin; beider Gestalten gehen ineinander über. Die Milchstraße ist der ›Weg der Seelen‹.«[107]

Die Milchstraße repräsentiert in dieser Bildwelt kein fernes Sternensystem, sondern eine beseelte, lebendige Welt. In dieser Naturschau, die sich im Einklang mit der gesamten Schöpfung weiß, wird der Schleier um das Haupt der Göttin zum Zeichen jener unendlichen Sternensphären, deren Durchdringung nach den Offenbarungen des steiermärkischen Mystikers Jakob Lorber zum weiteren Entwicklungsweg einer jeden Menschenseele gehört (Abb. 61). Er verweist auf einen zukünftigen Zustand, der durch die Symbolik der Farbe als höchste Erleuchtungsstufe definiert ist (s. S. 76f.). Der Schleier erinnert aber genauso an die Himmelsmilch der großen Muttergöttinnen (s. S. 144).

In dieser ›Himmelsfülle‹ wird die Heilige Jungfrau einmal mehr zum Vorbild der nach Erleuchtung strebenden Seelen, entspricht doch das Umlegen des weißen (reinen) Schleiers symbolisch einer Geste der Abgrenzung von der äußeren Welt und der inneren

56 »Die Auffindung des Schleiers«, Rueland Frueauf d.J., 1505, Stiftsmuseum Kloster Neuburg

Sammlung und damit der Vorbereitung eines meditativen Zustands, in dem die ›Sterne der Erkenntnis‹ am ›nächtlichen Himmel der Seele‹ leuchten. Anna Katharina Emmerich (1774–1824) etwa sah in ihrer Vision der Verkündigung Maria mit verschleiertem Antlitz beten.

Rueland Frueauf d.J. gestaltete um 1505 ein Altarbild, das die Gründungslegende von Klosterneuburg durch ein ›Schleierwunder‹ der Muttergottes schildert (Abb. 56). Über einem kleinen Waldstück, das an die alten heiligen Haine erinnert, erscheint im Lichtgewand die himmlische Mutter mit dem Jesuskind. Sie wirft dem betenden Markgrafen ihren weißen Schleier zu, Ausdruck ihres Wunsches, an diesem Ort ein Kloster, eine Andachts- und Gebetsstätte zu gründen, die unter ihrem Schutz, unter dem ›Zustand ihres Schleiers‹ stehen soll.

Im heiligen Raum

Seit dem 14. Jh. gewinnt in der abendländischen Kunst die Gestaltung des Umfelds, in dem Maria und auch andere Heilige gezeigt werden, mehr und mehr an Bedeutung. Die farbigen Nimben und goldenen Hintergrundflächen, die das Lichtland der Ewigkeit symbolisieren, verlieren an Dominanz. Das Interesse wendet sich verstärkt der realen Umgebung, der Sinnlichkeit der materiellen Erscheinungen in Raum und Landschaft zu, was jedoch vorerst nicht bedeutet, daß das Bewußtsein der mystischen Dimension verlorengeht. Vielmehr transferiert die Malerei das religiöse Geschehen, die Szenen des Neuen Testaments und das Leben der Heiligen aus dem Zustand der Ewigkeit in die aktuelle Lebenssituation der Gläubigen, um einen zeitgemäßen Zugang zu den Mysterien des Glaubens zu schaffen. Die Maler des 15. und 16. Jh. schenkten der Darstellung des Raumes um Maria große Aufmerksamkeit und in den bemalten Kirchengewölben des Barock werden die Raumebenen dann in farbigem Licht und Wolken transzendiert. Erst die Künstler des 19. Jh. lassen das Verkündigungskämmerlein nur mehr Staffage sein. In zahlreichen Bildern des 15. und 16. Jh. kommentiert der Raum in seiner Architektur und Ausschmückung die spirituellen Aspekte des Marienlebens und wird zum Andachtsraum für die Herzen der Gläubigen, zu einem Ausdruck für den besonderen Geisteszustand, der beim betrachtenden Gebet erreicht werden soll. Denn »die Art des Raumerlebnisses oder der Raumwahrnehmung«, so der buddhistische Lehrer Lama Govinda, »ist charakteristisch für die Dimension unseres Bewußtseins«.[108] Der symbolische Aspekt der Raumwahrnehmung ist den Menschen bis in die Barockzeit hinein noch vertraut. Die Darstellung von Räumen auf sakralen, aber auch auf profanen Gemälden jener Zeit beinhaltet daher unterschiedliche Zeit- und Entsprechungsebenen, die sich gegenseitig wohlgeordnet durchdringen.

Maria wird in der religiösen Literatur und in den Hymnen des Mittelalters, die dabei auf Gedankengut früher christlicher Schriften zurückgreifen, in mystischer Betrachtungsweise immer wieder mit Räumen und Gebäuden assoziiert. Sie ist eine »lebendige Kapelle, Gottes-Zelle, Bethaus, Palast Christi, Saal Gottes, ein Tempel der Dreifaltigkeit«[109], Brautgemach (des ewigen Wortes). Die lauretanische Litanei preist Maria als Janua coeli (Pforte zum Himmel; Abb. 57). Diese Interpretationen setzen zumindest fragmentarisch Traditionen des Judentums in christlicher Perspektive fort, wobei auch biblische Hinweise auf das Wirken der Sophia, der heiligen Weisheit, Eingang gefunden haben (s. S. 48).

›Makom‹ ist einer der hebräischen Namen für Gott und bedeutet ›Ort‹. Gott als der Ursprung aller Räumlichkeit ist auch der Raum der Welt. ›Nekewa‹ ist das hebräische Wort für weiblich und bedeutet auch ›hohl‹, ›Hülle‹. Die Frau gibt Raum zur Mutterschaft, sie umringt, so der Prophet Jeremia, den Mann. In seinen Betrachtungen zur jüdischen Mystik schreibt Friedrich Weinreb (1910–88) über die spirituelle Dimension des Raumes als Aspekt der weiblichen Seite Gottes, der Gottmutter:

> »Sie, die Mutter, ist die Mutter der Zeit, die Mutter auch des Raumes hier und damit aller Erscheinungen. Kennt man nicht den Zusammenhang von Mater und Materia?«[110] »Die Materie trägt das Geheimnis der Mutter. Mutter Erde. Und dann gibt Gott der Mutter die Erlaubnis, den Menschen zu tragen. Ihre Barmherzigkeit öffnet ihr den Leib. (...) Die Barmherzigkeit bringt der Materie, der Erde einen Sinn. Der Sinn ist, daß sie den Menschen trägt.«[111]

In diesem Sinne begegnen wir ›Maria im heiligen Raum‹ als einer Personifikation der weiblichen Aspekte Gottes, die den Menschen zur Erlösung begleiten. Der sakrale Raum, der sie umgibt, repräsentiert in seiner Architektur und symbolreichen Innenausstattung die himmlischen Welten, die hier auf der Erde ihre materielle Abbildung finden. Der sakrale Raum ist aber zugleich ein elementares Symbol für das höhere Selbst eines betenden Menschen, das Raum gibt für grenzüberschreitende Begegnungen zwischen Himmel und Erde.

Das räumliche Umfeld von Maria in der Kunst, das von der reichen Marienliteratur angeregt wird, bezieht sich auf Aussagen der Bibel, Passagen der Apokryphen und alte mythologische Bilder, die in die Marienlegenden Eingang gefunden haben.

Im Kreis der Ewigkeit

Das Ursymbol für den göttlichen Raum ist der Kreis, Symbol auch des höheren Selbst, das den Menschen umfängt. Der Kreis ist Kennzeichen des weiblichen Aspekts im Göttlichen, in dessen Geborgenheit sich wie im mütterlichen Schoß Wachstum vollzieht. Darstellungen von Maria im ›Großen Runden‹ sind Archetypen elementarer sakraler Raumabbildungen – wie etwa die »Strahlenkranzmadonna« eines österreichischen Meisters (Farbabb. 3; um 1420). Die Himmelskönigin mit dem Kind tritt aus dem runden Sonnenkreis, Symbol des göttlichen Lichtes, hervor. Der Lichtkreis steht für das unendliche Universum, die Ewigkeit des Himmels, dessen Grenze zum Irdischen geistige Mittlerwesen – Engel (s. u.) bilden. Die feuerroten Engel tanzen mit Musikinstrumenten einen ewigen Himmelreigen um Maria. Die Madonna ist in diesem Kompositionsschema mehr als nur Maria. Sie erscheint hier als die Inkarnation des weiblichen Aspekts Gottes, die als die Große Mutter zur ewigen Mitte, zum Zentrum des Lebens führt.

Pforte zum Heiligtum

In fast allen Religionen trennen äußere Abgrenzungen – Bäume, Mauern oder Zäune – heilige Orte, geweihte Bezirke, von der übrigen Welt.

Will man die Grenze zwischen Himmel und Erde überschreiten, so leisten dem Gläubigen oft machtvolle Vermittlergestalten, ›Hüter der Schwelle‹, spirituelle Hilfe. In der christlichen Tradition sind dies Engel, besondere Schwellenheilige wie der heilige Chri-

57 »Die Verkündigung« (»Maria als Janua Coeli«), zugeschrieben Jan van Eyck, um 1425, The Friedsam Collection (1931), The Metropolitan Museum of Art, New York

stophorus und auch die Muttergottes als Fürsprecherin und Vermittlerin zwischen Gott und Mensch (s. S. 133).

Worte des Propheten Ezechiel, der in der babylonischen Verbannung eine Vision des neuen Israel und seines zukünftigen Tempels hatte, inspirierten den Vergleich Mariens mit einer verschlossenen Pforte. Gott führt Ezechiel in diesem Gesicht zum äußeren Osttor des Heiligtums.

»Es war geschlossen. Da sagte der Herr zu mir: Dieses Tor soll geschlossen bleiben, es soll nie geöffnet werden, niemand darf hindurchgehen; denn der Herr, der Gott Israels, ist durch dieses Tor eingezogen; deshalb bleibt es geschlossen.« (Ez 44, 1–3)

In der Himmelsrichtung Osten liegt der Garten Eden (Gen 2, 8). Der Osten ist im Alten Testament Hinweis auf die himmlische Verheißung einer neuen Morgenröte, eines geistigen Morgens, der durch den Messias kommen und das Paradies neu erschließen wird. Im christlichen Verständnis ist dies Jesus Christus, das aufgehende Licht in der Finsternis (Joh 1, 5). Durch ihre jungfräuliche Empfängnis gilt Maria als die ›verschlossene Pforte‹ des neuen Tempels, allein »aufgetan mit dem Gotteswort«[112] (der Verkündigung).

Auf einem Verkündigungsgemälde von Jan van Eyck (1390–1441) und seinen Mitarbeitern, 1425 entstanden, steht Maria im geöffneten Portal einer Kirche als ›Symbol der Pforte‹ (Abb. 57). Sie steht als Mittlergestalt zwischen zwei sich begegnenden Welten, dem heiligen Innenraum der Kirche (Himmel) und der irdischen Schöpfung, die einem wilden Garten gleicht. Dieser kann auch als Sinnbild für die ›Wildnis der Seele‹, die auf das Gotteswort wartet, gedeutet werden. Die Mauer des Kirchhofs ist offen. Sie symbolisiert die ›Alte Zeit‹, die nun zu Ende geht, denn der Erzengel Gabriel spricht zu Maria. Maria blickt nach links, Ausdruck ihrer Zuwendung zu den Ebenen der Seele und des Geistes. Der Heilige Geist schwebt zu ihr, während sie durch das geöffnete Buch in der Hand zu verstehen gibt, daß sie bereit ist, die Schrift zu erfüllen. Als Pforte zwischen dem Innen und dem Außen wird Maria zur heiligen Bezugsgestalt für die Menschen, die ›draußen‹, in der Welt der materiellen Erscheinungen, leben. Sie ist damit auch die Vermittlerin des göttlichen Wortes, das von innen, aus den Himmeln, kommt. Maria wird so zum Vorbild der Gläubigen, zur Verkörperung der menschlichen Seele, die gleich einer verschlossenen Tür durch das göttliche Wort geöffnet werden will: »Es rührt an die Türe [der Seele] das WORT«[113] (Gregor von Nyssa; † 394). Maria verbindet sich in dem Bild der Wortverkündigung an der Pforte mit der Gestalt der Sophia, die vor ›Frau Torheit‹ warnt:

»Am Anfang der Mauern predigt sie, /an den Stadttoren hält sie ihre Reden: Wie lang noch, ihr Törichten, liebt ihr Betörung, (…)

Wendet euch meiner Mahnung zu! /Dann will ich auf euch meinen Geist ausgießen/ und meine Worte euch kundtun.« (Spr 1, 21–23)

Der mystischen Öffnung der Herzenspforte folgt der Gang durch das Tor. Der Visionär Jakob Lorber (1800–64) schreibt:

»Wir gingen durch das Tor; was will das sagen? Siehe nichts anderes als: wir sind eingegangen in dein und euer aller Inneres, oder wir sind eingegangen in des Wortes inwendigen Sinn. (...) du hast dir den Eingang in dich selbst mittels des Wortes Gottes verschafft.«[114]

Die Aufnahme des göttlichen Wortes ist in der christlichen Mystik der beginnende Weg zur geistigen Wiedergeburt. Im Menschwerdungsbild des Isenheimer Altares von Mathias Gothart (Nithart), genannt Grünewald, (entstanden 1513–15; Farbabb. 7) kniet Maria als Tempeljungfrau auf der Türschwelle des alttestamentarischen Tempels. In der rechten Bildhälfte steht das Symbol der geschlossenen Pforte auf derselben Ebene mit Maria. Sie entspricht hier dem Bildtypus *in der Erwartung*. Ihr leuchtendes Gesicht ist in das Licht der Göttlichen Weisheit getaucht, in deren Schein auch der gewölbte Leib Mariens erglänzt, das Wunder der Menschwerdung Christi betonend. Maria blickt von der Tempelpforte aus zu den irdischen Requisiten des Wochenbettes, die realistisch und dennoch voller mystischer Anspielungen die nahende Geburt verdeutlichen. Das Durchschreiten der Pforte, das sich auf dem Bild ankündigt, bedeutet die Geburt des Christus.

In Kirche und Tempel

Maria, im Kirchenraum oder vor einer Kirche stehend, verkörpert in der gotischen Malerei die geistige Kirche Christi, die Ecclesia. Das Motiv der *Ecclesia*, eine Frauengestalt mit den kaiserlichen Attributen von Krone, Zepter und Kugel mit Kreuz, hatte sich bereits im 5. Jh. entwickelt. Es verkörperte als Urbild die Gemeinschaft aller Christen in der Kirche, den mystischen Leib Jesu (Kor 12, 12–31 a). In den Schriften Emanuel Swedenborgs wird jeder geistig erwachte Mensch als Haus Gottes, als Ecclesia bezeichnet, die im Innersten des Herzen verborgen ist. Die Mystikerin Mechthild von Magdeburg (1207–82) beschreibt die Ecclesia in einer Vision:

»Auf dem Stein (Christus) stand die allerschönste Jungfrau (Kirche), (...). Ihre Füße sind mit einem Edelstein geschmückt. (...) Dieser Edelstein ist der christliche Glaube. Die Jungfrau stand auf zwei Füßen: Der eine ist das Binden, der andere ist das Lösen (aus) heiliger Gewalt (...)

Die Jungfrau (Kirche) trägt auf ihrem Haupte eine Krone. Sie ist gewirkt aus rotem Golde. Das ist der vortreffliche Rat und die heilige Tat.«[115]

Im hohen Mittelalter verschmilzt die Gestalt der Ecclesia mit der Himmelskönigin Maria, die als ›Braut Christi‹ himmlische Hochzeit feiert – denn Maria gilt mittelalterlichen Theologen als Urbild der Kirche, alles, »was von der Kirche gilt, gilt auch von ihr«[116].

In den neu konzipierten Bildräumen (insbesondere der Gotik) steht Maria mit dem Kind oftmals als Königin in gewaltigen Kirchenschiffen, die in ihrer Schönheit und Pracht den Tempel des Himmlischen Jerusalem repräsentieren (Abb. 58). Dem geheimnisvollen Gralstempel der mittelalterlichen Mysterien gleich, trägt »Maria als lebendiger Gral das Licht der Welt in sich«[117].

Als Hülle, ›Seelenraum‹ und Monumente der Andacht für Maria verkörpern diese Darstellungsweisen in ihrer mystischen Dimension Innenräume eines geistigen Lebens, in dem Maria als Urbild der erleuchteten Seele, als Himmelsbraut und Priesterin, in aller Schönheit auf geweihtem Boden steht.

So erzählt eine Marienlegende von einem frommen Mönch, dem Maria nach langem Beten im heiligen Kirchenraum erscheint:

»In einer Nacht, da er über dem Gebet eingeschlafen war und in der Kirche lag, erschien Maria in solchem Glanz, daß er nicht hineinschauen konnte (...) Maria sagte: ›(...) Du sollst mich halsen in deinen Armen und freundlich küssen auf meinen Mund.‹ Der Bruder war über alle Maßen zufrieden, umhalste die Muttergottes und küßte sie mit großer Andacht auf den Mund.«[118]

Die Kirche, der Tempel als Wohnung Gottes auf Erden, wird in dieser Legende zum Raum der Einheit, wo Himmel und Erde sich begegnen, wo männliche und weibliche Aspekte sich miteinander in Harmonie verbinden. Tempel heißt im hebräischen ›beth hamikdasch‹, ›das Haus, das heilig ist‹, wo Gott als »Herr und Herrin«[119] anwesend ist. Der Tempel spiegelt ferner als materielle Schöpfung

58 »Die sieben himmlischen und sieben irdischen Freuden Mariens« – Maria von Burgun liest an einem Fenster, durch das man in das Innere einer Kirche blickt, wo Maria vo Burgund und Maximilian I., in Andacht versunken, vor der Jungfrau mit dem Kind knie Werkstatt des Meisters der Maria von Burgund, späte 70er Jahre des 15. Jh., aus de Stundenbuch der Maria von Burgund, Österreichische Nationalbibliothek, Wien

die Dualität im Herzen aller Materie (zwischen guten und schlechten Kräften) wider und die Sehnsucht der Menschen, ihr gespaltenes Selbst zu überwinden und sich den Kräften des Himmels zu öffnen.

Im allgemeinen symbolisiert aber auch die bildnerische Darstellung unterschiedlicher Kirchenräume und Kapellen die geistigen Entwicklungsstufen einer Seele, wobei die verschiedenen Raumkonzeptionen jeweils eigene Wege in die geistige Welt darstellen. Raumbildung und Raumerleben sind in bezug auf das Bild der Maria im Tempel nicht mehr nur Chiffren für den einfachen Zugang zum Glauben, sondern Ausdruck für den Zustand höchster geistiger Erleuchtung (Abb. 60). So schreibt die Mystikerin Anna Katharina Emmerich (1774–1824) in einer Vision über Maria nach der Verkündigung:

> »Nach dem Verschwinden des Engels sah ich die heilige Jungfrau in tiefer Entzückung ganz in sich selbst versunken (...) – Oh, hier in Nazareth ist es anders als zu Jerusalem, dort müssen die Frauen im Vorhofe bleiben, und dürfen nicht in den Tempel, ins Heilige dürfen nur die Priester, hier aber in Nazareth, hier in dieser Kirche ist eine Jungfrau der Tempel selbst, und das Allerheiligste ist in ihr, und der Hohepriester ist in ihr, und sie ist allein bei ihm. Oh, wie ist das lieb und wunderbar und doch so ganz einfach und natürlich! Der Allerhöchste hat seine Hütte geheiligt, Gott ist in ihrem Innern, sie wird nicht erschüttert werden.«[120]

Von den Gläubigen, die den Vorhof des Tempels erreichten, heißt es in den Gralsmythen, daß sie das Paradies betreten hätten. Aber erst jenseits davon, im Raum des Allerheiligsten, der Gralskapelle oder dem Ort der Bundeslade, offenbart die himmlische Welt ihre Mysterien. Der deutsche Mystiker Meister Eckehart (1260–1327) sagt in einer seiner Predigten:

> »Nun heißt es: ›Er (Gottes Sohn) ist innen gefunden‹. Das ist innen, was im Grunde der Seele wohnt, im Innersten der Seele, in der Vernunft und nicht ausgeht und auf kein Ding (draußen) schaut. Daß wir uns innen finden im Tage und in der Zeit der Vernunft und im Tage der Weisheit und im Tage der Gerechtigkeit und im Tage der Seligkeit, dazu verhelfe uns der Vater und der Sohn und der Heilige Geist. Amen.«[121]

Die Visualisierung von Maria im heiligen Raum kann zum bedeutendsten Aspekt der Tempel/Kirchenraum-Symbolik führen: zum Tempel im Herzen der Menschen selbst, wo das göttliche Licht, im Sinne der christlichen Mystik der ›Christusfunke‹, leuchtet.

Zelt der Bundeslade

Einige Bilder der Spätgotik zeigen Maria, wie sie aus einem geöffneten Zelt tritt[122], eine Darstellungsweise, die verschiedene Bedeutungsebenen hat. Sie bezieht sich auf das sogenannte ›Offenbarungszelt‹ von Mose, die Wohnstätte Gottes während der Zeit in der Wüste (Ex 33, 7) und erster Tabernakel der Bundeslade (vor dem Bau des Jerusalemer Tempels). Ferner steht das archetypische Motiv des Zeltes im Alten Testament für unterschiedliche Aspekte in der Begegnung mit Gott. Mystische Erfahrungen haben ihre »Zelte«[123], was insbesondere in den Psalmen des Alten Testaments zum Ausdruck kommt – das Verweilen in Gott, Schutz, Lob, Opfer, Dank und kosmische Weite werden im mystischen Erleben beschrieben:

> »Herr, wer darf Gast sein in deinem Zelt, (...)?« (Ps 15, 1);
> »ER beschirmt mich im Schutz seines Zeltes« (Ps 27, 5);
> »Ich will Opfer darbringen in seinem Zelt, Opfer mit Jubel« (Ps 27, 6);
> »Du spannst den Himmel aus wie ein Zelt« (Ps 104, 6).

In der Verbindung mit Maria wird das geöffnete Zelt nicht nur zum Bild dafür, daß sie im Neuen Testament als ›Offenbarungszelt Gottes‹ die ›neue Bundeslade‹ Jesus Christus trägt, sondern das Zelt als altes weibliches Symbol – und auch die Bundeslade – werden zum expliziten Symbol der Mutterschaft Mariens. Der Evangelist Lukas wählt in der Verkündigung an Maria mit der Formulierung »... die Kraft des Höchsten wird dich überschatten« ein Verb, das Bezug nimmt auf die ›shekinah‹, den weiblichen Geist Gottes, der als Wolke die Bundeslade der durch die Wüste ziehenden Israeliten einhüllte (Ex 40, 34).

Das Altarfresko »Maria in der Hoffnung« (»Madonna del Parto«; Abb. 59) von Piero della Francesca (um 1410/20–92) zeigt Maria in der Mitte eines Zeltes, das von zwei Engeln als ›Hütern

59 »La Madonna del Parto« (›parto‹ = Geburt), Piero della Francesca, um 1460, Cappella del Cimitero (Friedhofskapelle), Monterchi bei Arezzo

der Schwelle‹ geöffnet wird. In der Übertragung elementarer Verehrungsformen der Großen Göttin wird die irdische Fruchtbarkeit Mariens im späten Mittelalter zu einem bedeutenden Element der christlichen Folklore. Maria ist in dieser Darstellungsweise die Magna Mater (Große Mutter). Der Bildtypus der schwangeren Maria war in dieser Zeit in Spanien, Italien, Frankreich und auch Deutschland überall verbreitet. In dem Gemälde von Piero, das

1460 für die Friedhofskapelle von Monterchi in der Toskana, der Heimatgemeinde seiner Mutter, entstand, wird das Mysterium des ›lebendigen Gefäßes‹ – Maria – enthüllt, die Gott als Kind trägt. Maria im schlichten blauen Kleid weist mit ihrer rechten Hand auf den sich öffnenden Gewandrock, Zeichen für die beginnende Geburt. In dieser monumentalen Darstellung ist Maria allein mit den himmlischen Boten. Sie steht zwischen dem Innen und dem Außen, Vergangenheit und Zukunft, an der Schwelle der Mutterschaft. Im Kontext der Grabkapelle wird Maria in dieser Darstellungsform aber auch zum Bild des Menschen im Übergang, zum Symbol der ›geistigen Wiedergeburt‹, und ist so für die Sterbenden Zeichen der Hoffnung auf die Auferstehung ihrer Seele, auf die Neugeburt im Himmel.

> »Maria in der Hoffnung« deutet auf den »eigentlichen Sinn in der Menschwerdung Gottes hin, d.h. der Wiedergeburt des Gläubigen mit dem Christus zum ewigen Leben über den irdischen Tod hinaus.«[124]

In diesem Sinne weist die Gestalt der ›erwartenden‹ Maria in der Grabkapelle von Monterchi die trauernden Hinterbliebenen auf den Weg hin, den die verstorbene Seele beschritten hat. Für die Lebenden verkörpert sie die Worte des Apostels Johannes:

> »Wenn jemand nicht von neuem geboren wird, kann er das Reich Gottes nicht sehen.« (Joh 3, 3)

Kammer des Herzens

So wie das Bild der Kirche und seiner Innenräume dem höheren Selbst, den geistigen Bereichen des Menschen entspricht, ist das Bild des Hauses, seiner verschiedenen Zimmer und Ebenen ein Symbol für die Seele, für die darin wohnenden Gefühls- und Erlebnisbereiche.

Deutsche und niederländische Verkündigungsszenen des 15. Jh. versetzen Maria häufig in realistisch dargestellte Wohnräume und Schlafstuben. Auf diese Weise wird das religiöse Erlebnis in die persönliche Sphäre des bürgerlich-städtischen Alltags eingebettet, wobei dieser allerdings in seiner gesamten Ausschmückung eine

Heiligung erfährt und hindeutet auf die Mysterien des Glaubens. So sind etwa das Schlafgemach und das Bett Symbole der Brautmystik, äußere Bilder für die ›geistige Hochzeit‹ zwischen der empfangenden Seele (hier Maria) und dem göttlichen Logos.

Die Integration oder Erscheinung der Gottesmutter in den Räumen des täglichen Lebens betont den subjektiven Zugang des einzelnen zum Glauben – unabhängig von sozialer Stellung und theologischer Vorbildung. Maria wird hier zum Hinweis für die Betenden, gleich ihr in die ›Kammer des Herzens‹ und damit in die ›Mitte des Lebens‹ zu gehen, um dort durch die Ansprache des Engels das göttliche Wort zu vernehmen.

Maria in der Kammer, ihren Verehrern erscheinend, bildet seit dem 15. Jh. in unzähligen Variationen auch ein bedeutendes Motiv der westlichen Votivmalerei an Wallfahrtsorten. Die meisten erhaltenen deutschen Votivtafeln stammen aus den Jahren zwischen 1750 und 1850, der Barock- und Nachbarockzeit. Meist sind sie einfach gemalt, auf das wesentliche Geschehen reduziert. Häufig öffnen sich die Wände dunkler Schlaf- und Wohnstuben, in denen die Flehenden bittend die Hände falten, um der Erscheinung der leuchtenden Heiligengestalt Raum zu geben. Sie wird meist so dargestellt, wie sie das örtliche Gnadenbild zeigt.

Fenster zum Licht

Das Fenster als Ort der Grenzüberschreitung zwischen jenseitiger und diesseitiger Welt, als Einbruchsstelle des Göttlichen, ist eine Vorstellung, die sich in den Verkündigungsdarstellungen des späten Mittelalters eindrucksvoll mit der Raumsymbolik verbindet. Im Verständnis der mittelalterlichen Lichtmystik, die vom Gedankengut des Pseudo-Dionysius Areopagita (2. Jh.) maßgeblich inspiriert war, erschienen die Fenster der gotischen Kathedralen als heilige Schwellen, durch die das göttliche Licht des Universums die Innenräume illuminierte. Eine Verkündigungsszene von Jan van Eyck, um 1428–32 entstanden, zeigt Maria mit dem Erzengel Gabriel im Kirchenraum von Notre Dame in Dijon (Abb. 60) – in der Geschichte der Verkündigungsdarstellungen die erste, welche die Verkündigung in einem Kirchenraum stattfinden läßt. Maria als

Inkarnation der Ecclesia steht vor drei großen, hell scheinenden Fenstern – Symbole der göttlichen Dreifaltigkeit. Die Jungfrau öffnet in Gebetshaltung ihre Hände zu den Strahlen des Heiligen Geistes, der in der Gestalt der Taube durch das oberste (geschlossene) Fenster des Kirchenraumes über dem Engel hereinschwebt – ein Hinweis auf die Gnade, die aus den höchsten Himmeln herniederkommt. Das geschlossene Fenster, durch dessen Glas die Sonnenstrahlen fallen, symbolisiert die Jungfräulichkeit Mariens. Das geöffnete Fenster hingegen steht als Bild für das Erleben der Transzendenz, ermöglicht durch die Lektüre der Heiligen Schrift oder durch inniges Gebet. Daher erscheint auch Maria im Stundenbuch der Maria von Burgund im geöffneten Fenster (Abb. 58).

In anderen Mariendarstellungen der beginnenden Neuzeit blickt man durch geöffnete Fenster in die Landschaft. Sie zitieren als Rahmen und Grenze die Anwesenheit der gegenwärtigen Welt. So durchdringen sich die Zeitebenen von Gegenwart und Vergangenheit und geben der Mariendarstellung Ewigkeitscharakter. In Anlehnung an die sophianischen Aspekte der Marienverehrung erfolgt die Umsetzung der Worte aus dem Alten Testament:

> »Wohl dem Menschen, der nachsinnt über die Weisheit, (...) der durch ihre Fenster schaut und an ihren Türen horcht.« (Sir 14, 20–23)

Auf dem Thron der Göttlichen Weisheit

Der Prototyp der *Maria auf dem Thron*, die das Christuskind auf dem Schoß hält, schmückte höchstwahrscheinlich als Relief den Giebel der Geburtskirche zu Bethlehem. Während der ersten christlichen Jahrhunderte in die Bildszene der Huldigung bzw. Anbetung der Magier integriert, wählte man die thronende Maria (s. S. 12) seit dem 5. Jh. immer häufiger zum eigenständigen Thema. Das Motiv wandelte sich vom Historienbild zum Kultbild. Kompositionell glich man es der bereits weit verbreiteten Darstellung des thronenden Christus an. Mit den Insignien kaiserlicher

60 »Verkündigung«, Jan van Eyck, um 1434–36, Andrew W. Mellon Collection, National Gallery of Art, Washington

Macht und Würde – ein edelsteinverzierter Thronsessel und ein Baldachin bzw. eine Nische – wurde die sogenannte *Sedes Sapientiae* zur ›Königin der Menschen‹ erhoben. Bereits im 5. Jh. bildete man die *Maiestas Mariae* im heiligsten Ort des Kirchenraums ab, in der Apsis.

Schon in der Antike charakterisierte man Gottheiten durch eine sitzende Haltung, während hierarchisch untergeordnete Personen standen. Ein Schema, das von der christlichen Kunst übernommen und bis in das 13. Jh. hinein auch im Westen weitergeführt wurde. Das Bild des Thrones findet sich bereits in den Kultbildern Altmesopotamiens als Sinnbild der göttlichen Herrscherwürde. In der ägyptischen Mythologie ist die Göttin Isis die personifizierte Macht des Thrones, den sie symbolisch als Kopfschmuck trägt. Ein weiterer Thron, der zur Popularität dieser Darstellungsweise beitrug, ist der Königsthron des Salomo, der eigentlich Jahwe gebührte. Er war aus Elfenbein gefertigt und mit Gold überzogen (1 Kön 10, 18). Salomo nahm darauf lediglich als irdischer Stellvertreter des himmlischen Königs Platz. In den Prophezeiungen des Alten Testaments wurde der Thron Salomos später zum Symbol des messianischen Richterstuhls. In diesem Sinne spricht der Verkündigungsengel Gabriel zu Maria:

> »Gott der Herr wird ihm [Jesus] den Thron seines Vaters David geben.« (Lk 1, 32)

Stufen zum Thron

Maria wird in den Betrachtungen mittelalterlicher Theologen (etwa Petrus Damiani) zum Symbol des Throns Salomos. Die Stufen zum Thron sind ihre Tugenden, das Gold symbolisiert die sie einhüllende Gottheit, das Elfenbein ist Zeichen ihrer Jungfräulichkeit. Im Bild der Thronenden verbinden sich in mystischer Schau beider Kirchen, der byzantinischen wie der lateinischen, die Gestalten der Jungfrau Maria und der heiligen Sophia, der Göttlichen Weisheit. Der Thron Salomos des Weisen wird in Bildern des Mittelalters seit dem 13. Jh. zum Symbol des Sitzes und der Macht von Maria-Sophia. Die zwölf Löwen, die der biblischen Überlieferung nach die sechs Stufen zum Thron flankierten (1 Kön 10, 19), werden häufig übernommen und geleiten nun zur thronenden Gottesmutter. Sie versinnbildlichen zwei Zeitabschnitte, den der Macht der zwölf Stämme Israels (im Alten Testament) und jenen der Versammlung der zwölf Apostel – Symbol der christlichen Zeit (s. S. 124f.). Zwei weitere Löwen zieren häufig die Lehnen selbst. Sie stellen den Erzengel Gabriel und den Evangelisten Johannes dar.

Um 1335 malte Ambrogio Lorenzetti (um 1285–1348) im byzantinischen Stil eine thronende Maria-Sophia mit dem Jesuskind (Farbabb. 10). Im Zentrum des Bildes steht ihr Thron, dessen Polster an den Seiten von zwei Engeln gehalten werden. Die goldenen Flügel der Engel formen die Rückenlehne des Thrones. Sie bilden eine himmlische Aura um den Oberkörper der Mutter und lassen deren zärtliche Begegnung mit dem Jesuskind in höchster Transzendenz erscheinen, erheben sie aus der irdischen Natur in höchste Geistigkeit. Der schwarze Mantel von Maria-Sophia gleicht einer mächtigen, erhabenen Wolke (s. S. 181), wobei hier das Schwarz im Sinne der byzantinischen Tradition als Verkörperung der materiellen Schöpfung, der Erde, erscheint. Die Gestalt der Himmelskönigin repräsentiert, auf die kosmische Dimension übertragen, die jungfräuliche Weltenmutter, die das göttliche Kind geboren hat. Das Mütterlich-Weibliche in ihrer Gestalt verkörpert nach Erich Neumann den Ursprung und die Zukunft, Anfang und Ende im menschlichen Seelenerleben.

Drei breite, farbig voneinander abgesetzte Stufen führen zum Thron. Auf jeder Stufe sitzt, der Königin zu Füßen, eine der drei mystischen Töchter der Sophia: Glaube, Hoffnung, Liebe. Diese Töchter sind – betont durch ihre Kronen und Flügel – gestalthafte Repräsentantinnen von Werten der ›Ewigkeit‹, Transformationen, die eine Seele auf dem geistigen Weg durchlaufen wird. Die Zahl Drei bezieht sich auf die Ebenen von Körper, Seele und Geist, wobei der materielle Körper durch den Glauben *erweckt*, die Seele durch die Hoffnung *geführt* und der Geist durch die Liebe (Gottes) *erlöst* wird.

Auf der ersten, weißen Stufe sitzt im strahlend-weißen Kleid des Lichts, das die gereinigte und geläuterte Materie ausstrahlt, die Gestalt des Glaubens. In tiefer Versunkenheit schaut sie in einen

Spiegel, in dem ein Januskopf, Sinnbild für das Alte und das Neue Testament, schimmert. Die Hoffnung, auf der mittleren Stufe, richtet ihren Blick auf einen Turm ohne Fenster, auf dem eine Krone liegt. Der Turm könnte ein Symbol sein für die Jungfräulichkeit Mariens, er steht aber auch für den kontemplativen Zustand, wenn die Seele nach innen geht, sich von der äußeren Welt abwendet. Im Alten Testament gilt der Name Gottes als ›Turm‹, »dorthin eilt der Gerechte und ist geborgen« (Spr 18, 10). Die ›Krone des ewigen Lebens‹ ist Sinnbild der christlichen Auferstehungshoffnung. Die Gestalt der Hoffnung trägt ein goldgrünes Kleid. Grün als die Farbe des Heiligen Geistes und der göttlichen Schöpferkraft ist auch ein Symbol der Versöhnung und der ewigen Barmherzigkeit Gottes. Sie gehört zu den Farben, die von der Wiedererneuerung alles Lebens sprechen. Zu Füßen der Maria-Sophia, auf der dritten Stufe, hat die Gestalt der Liebe Platz gefunden. Der Glaube ist der Weg zum Leben, die Liebe aber die Vollendung des Glaubens (1 Joh 4, 1 und 4, 7). Das Gesicht der Liebe, ihre Haare und Flügel sowie ihr Kleid sind in einen pfirsichblütenfarbenen Schimmer getaucht. Dieser Farbton gilt in alten esoterischen Traditionen als »lebendiges Bild der Seele«[125], die hier durch Gestik und Flügelstellung der Gestalt befreit und zugleich durch den Mantel Mariens beschützt wird. Dies verdeutlichen auch die Worte des ersten Johannes-Briefes aus dem Neuen Testament: »Und wer in der Liebe bleibt, bleibt in Gott« (1 Joh 4, 16 b). In der rechten Hand hält die Liebe ein brennendes Herz empor, von ihrer linken weist ein goldener Pfeil auf Jesus, durch und für den sie ›entflammt‹ ist.

Sophia-Herrscherin

Ein Typus russischer Sophienikonen (Abb. 61) zeigt die ›Frau Weisheit‹ in ihrer Herrschaftsaura, einem goldroten Strahlenkreis der Ewigkeit von Liebe (Rot) und Weisheit (Gold), gesäumt von Sternen in dunkelblauer Nacht. Die Sophia sitzt als feuerrote Engelsgestalt auf einem goldenen Himmelsthron, der in den Schriften des Alten Testaments mehrfach erwähnt wird. Über ihrem gekrönten Haupt, das in einen goldenen Heiligenschein getaucht

61 »Sophia, die Göttliche Weisheit«, russisch, Anfang 19. Jh., Ikonen-Museum Recklinghausen

ist, erscheint in einer eigenen Aura der segnende Christus als Logos. Über ihm erhebt sich ein weiterer Nimbus, der den ewigen göttlichen Thron, den Sitz des nicht abbildbaren himmlischen Vaters, umhüllt. Letztlich kann man diesen Bildtypus auch als eine Darstellung der göttlichen Dreifaltigkeit bezeichnen, wobei Sophia wieder den Heiligen Geist personifiziert – als ›Heilige Geistin‹ (s. S. 158).

Zur Rechten der Sophia tritt Maria in der Ikonographie der Platytera (s. S. 215 f.) in den heiligen Kreis. Johannes der Täufer, als Vorläufer Christi zur Linken stehend, weist auf Sophia und auf Maria, die man hier auch als irdische Inkarnation der Sophia deuten kann.

Welche Bedeutung aber hat der Sophienthron als Symbol in der spirituellen Ikonographie der christlichen Kunst?

Hier bedarf es eines Blickes auf die Selbstoffenbarungen der Sophia im Alten Testament, in denen sie über ihren Thron sagt:

»Ich ging aus dem Mund des Höchsten hervor, / und wie Nebel umhüllte ich die Erde./ Ich wohnte in den Höhen, auf einer Wolkensäule stand *mein Thron*./ Den Kreis des Himmels umschritt ich allein,/ in der Tiefe des Abgrunds ging ich umher./ Über die Fluten des Meeres und über alles Land, über alle Völker und Nationen hatte ich Macht./ Bei ihnen allen suchte ich einen Ort der Ruhe,/ ein Volk, in dessen Land ich wohnen könnte./ Da gab der Schöpfer des Alls mir Befehl;/ er, der mich schuf, wußte für mein Zelt eine Ruhestätte./ Er sprach: in Jakob sollst du wohnen,/ in Israel sollst du deinen Erbbesitz haben./ Vor der Zeit, am Anfang hat er mich geschaffen, und bis in Ewigkeit vergehe ich nicht. (...)/ In der Stadt, die er ebenso liebt wie mich, fand ich Ruhe,/ Jerusalem wurde mein Machtbereich./ Ich faßte Wurzel bei einem ruhmreichen Volk, im Eigentum des Herrn, in seinem Erbbesitz.« (Sir 24, 3–12)

In Jerusalem, dem ›Herzen des auserwählten Volkes Israel‹, steht der Thron der Göttlichen Weisheit. In mystischer Interpretation ist Israel ein geistiger Name, in dem sich der jenseitige Mensch in jedem erscheinenden Menschen verbirgt und der nur in veräußerlichter Anwendung zur Bezeichnung eines konkreten Volkes hinzugezogen wird. Mit dem Volk Israel sind alle gemeint, die gläubig und in Liebe der göttlichen Offenbarung folgen. Dieses Volk Gottes ist in der äußeren Welt der Materie ›im Exil‹.

»Das Sein verborgen, das Dasein erscheinend. Die Seele, der Geist, verborgen, der Körper erscheinend.«[126]

Die heilige Stadt Jerusalem ist bereits in der Sprache der biblischen Bilder nicht allein ein geographischer Ort, sondern nimmt Bezug auf das Herz eines jeden gläubigen Menschen, das von Gott als Aufenthaltsort, als ›Erbbesitz‹ geliebt wird. In diesem Sinne ist die

Zuweisung der Wohnstätte der Sophia, die Errichtung ihres Thrones in Jerusalem, ein Schlüsselbild für die Aufnahme der Göttlichen Weisheit im Herzen eines von Gott erwählten Menschen. Deshalb betet Salomo:

»Ich war ein begabtes Kind und hatte eine gute Seele erhalten, (...) Ich erkannte aber, daß ich die Weisheit Gottes nur als Geschenk erhalten könne – (...) Daher wandte ich mich an den Herrn und sprach zu ihm aus ganzem Herzen:

Gott der Väter und Herr des Erbarmens, du hast das All durch dein Wort gemacht./Den Menschen hast du durch deine Weisheit erschaffen,/damit er über deine Geschöpfe herrscht. (...)/ Gib mir die Weisheit, die an deiner Seite thront/und verstoß mich nicht aus der Schar deiner Kinder! (...)/Sende sie vom heiligen Himmel,/und schick sie vom Thron deiner Herrlichkeit,/damit sie bei mir sei und alle Mühe mit mir teile,/und damit ich erkenne, was dir gefällt.« (Weish 8, 19–9, 10)

Sophiens Herrschaft in einer menschlichen Seele nennen zahlreiche Stellen der biblischen Weisheitsliteratur als Grundvoraussetzung eines gottgefälligen Lebens, als Grundbedingung zur Erlangung des ewigen Lebens (Spr 8, 36; Sir 24, 22). Der Thron der Sophia steht im Gegensatz zum ›Sessel von Frau Torheit‹, welche die Unerfahrenen in ihr Haus bei der Stadtburg einlädt und zur Sünde verführt (Spr 9, 13–18; s. S. 191 f.).

Der Sophienthron ist damit auch die materialisierte Form der spirituellen Macht im Herzen eines Menschen. Wird der Thron errichtet, so beginnt die Vergeistigung, man akzeptiert und betont, daß die materielle Schöpfung von der geistigen Kraft beherrscht und gestaltet wird, daß die Schöpfung den ewigen göttlich-kosmischen Gesetzen gehorchen muß. Hierbei handelt es sich keineswegs nur um ein übergeordnetes abstraktes Gesetz, vielmehr ist dieser Aspekt von elementarer Bedeutung für die spirituelle Entwicklung eines jeden geistig strebenden Menschen. So sieht Anonymus d'Outre-Tombe (1900–73) einen Zusammenhang zwischen der spirituellen Dimension des Thronsymbols und der Anwendung der göttlichen Macht, der ›heiligen Magie‹ (s. S. 38 f.):

»Der feste Thronsessel (...) symbolisiert den unanfechtbaren und unveräußerlichen Platz, welcher der (heiligen) Magie im geistigen, seelischen und natürlichen Leben zukommt dank der göttlichen Ermächtigung.«[127]

Deshalb wird Maria-Sophia auf dem Thron auch als Priesterin und Lehrmeisterin mit dem geöffneten Buch (der Heiligen Schrift) oder Schriftrolle dargestellt, als »geheiligte Hüterin der Offenbarung«.[128]

Im Gemälde von Hans Memling, »Die mystische Vermählung der heiligen Katharina von Alexandrien« (1479; Abb. 62), thront Maria als Hohepriesterin im Innenraum eines himmlischen Tempels (s. S. 192), flankiert von ihren ›spirituellen Töchtern‹, den Heiligen Katharina und Barbara. Durch die Säulen schimmert in

62 »Die mystische Hochzeit der heiligen Katharina von Alexandrien«, Hans Memling, 1479, Memlingmuseum, Brügge

der Ferne die äußere Welt, in der sich Szenen aus dem Leben der dargestellten Heiligen abspielen, die aber hier, im Inneren des heiligen Raumes, nicht mehr von Bedeutung sind. Links und rechts neben dem Thron der Maria stehen Johannes der Täufer und Johannes der Evangelist. Die beiden Heiligen symbolisieren die alte und die neue Zeit, das Alte und das Neue Testament, in der tieferen Bedeutungsebene das Alpha und Omega des Göttlichen Wortes. Sie sind ›Säulen‹ oder ›Wächter‹ des Jahreskreislaufs, denn ihre Festtage (Johannes der Täufer am 24. Juni, Johannes der Evangelist am 27. Dezember) sind mit den beiden Sonnenwenden verbunden. Innerhalb dieser zeitlichen Pforte steht der Thron Mariens mit dem Jesuskind im Sinne der mystischen Weisheit:

> »Wer in der Mitte des Seins lebt, kann im Labyrinth der Welt nicht verlorengehen.«[129]

Den Thron der Himmelskönigin überspannt ein roter Baldachin, zwei schwebende, nächtlich-blaue Engel halten die Krone des ewigen Lebens. Der goldene Teppich, der hinter dem Thron die Ebenen des himmlischen Lichtlands symbolisiert, ist mit dem Zeichen der Distel geschmückt, Sinnbild der durch Christus überwundenen Sünde. Während das Jesuskind auf dem Schoß seiner Mutter der heiligen Katharina den Verlobungsring schenkt – ein tiefes Bild dafür, daß sich eine Seele Christo anvertraut –, blickt Maria als betende Priesterin in die Heilige Schrift, die ein Engel, Träger jenseitiger Kräfte, hält. Das Buch, Vergegenwärtigung des Wortes, weist einen Zugang zu den Mysterien des Glaubens, denn einer der Wege zum Glauben kommt durch das Hören des Wortes (Röm 10, 17–19). Der Rezipient des Memling-Bildes wird mit dieser mystischen Szene an sein »spirituelles Gehör«[130] erinnert, daran, daß er auf die Heiligen Worte warten und ihnen dann aufmerksam lauschen soll. Sie werden aus dem Mund der thronenden Maria-Sophia zu ihm kommen, und er wird sie im Herzen vernehmen können. Dem Glauben wird dann, wie im stufenweisen Aufstieg zum Thron dargestellt (s. S. 202 ff.), der Friede des Herzens folgen, der auch im Bild des Thronens, des Sitzens in der ewigen Mitte, seine Entsprechung findet:

> »Denn wir, die wir gläubig geworden sind, kommen in das Land der Ruhe.« (Hebr 4, 3)

Gebetshaltung und Andachtsgesten

Die Hände der Muttergottes sind ›als Spiegel der Seele‹ schon seit der Frühzeit des Christentums bedeutungsvolle Symbolträger. Finger- und Körperhaltungen spiegeln unterschiedliche spirituelle Bewußtseinszustände oder -prozesse wider. Die Mariengestik bezieht sich auf die verschiedenen Ebenen des Körpers und damit auch auf die Aktivität der geistigen Kraft- und Energiezentren, der sogenannten Chakras (Sanskrit für Rad).

Das Wissen um die Chakras, gemeinhin mit den jahrtausendealten spirituellen Traditionen des asiatischen Raums verbunden, ist auch in der mystischen Praxis des Christentums bekannt. Chakras gelten als Aufnahmeorgane für die kosmisch-göttlichen Lebensenergien an der Oberfläche des menschlichen Ätherkörpers, der sogenannten Aura. In ständiger Bewegung, in der Form lebendiger Räder oder Wirbel, nehmen die sieben Haupt-Chakras in unterschiedlicher Licht- und Farbintensität die fließenden Energieströme aus dem göttlichen Kosmos und den seelisch-geistigen Welten auf und verteilen diese je nach dem geistigen Entwicklungsstand des Menschen in mehr oder weniger harmonisch fließende Energieströme. In ihrer Wirkungsweise ergänzen sich die Chakras gegenseitig, wobei ihr Wachstum bei einem geistig sich entwickelnden Menschen an der Wirbelsäule entlang, vom Wurzelansatz bis zum Haupt, also wie bei einer Pflanze von unten nach oben, erfolgt. Einzelne Schulen der christlichen Mystik (beispielsweise von Jakob Böhme), das Rosenkreuzertum und später die Theosophie befaßten sich mit dem Wissen um die Chakras, allerdings läßt sich heute nicht mehr genau feststellen, in welchem Maß diese Kenntnisse tatsächlich im Abendland verbreitet waren.

Die christliche Kunst kennzeichnet die feinstofflichen Zentren des durchgeistigten Körpers an Heiligengestalten und Engeln mit besonderen Schmuckformen und Symbolen. Um die Erleuchtung der Muttergottes darzustellen, erfuhren vier der sieben Energiebereiche immer wieder besondere Beachtung:

- Das Nabel-Chakra als Ort, von dem aus grobstoffliche, materielle Energien in die oberen feinstofflichen, seelisch-geistigen Ebenen transportiert werden, aber auch – in Umkehrung – geistige Energien in die unteren Körperregionen weitergeleitet werden (Farbabb. 7; Abb. 49).
- Das Herz-Chakra in der Mitte der Brust, aus dem die reine Liebe ausstrahlt (Abb. 34, 55, 64).
- Das Hals-Chakra, durch das die Energien der körperlich-materiellen und seelischen Bereiche zu den geistigen Ebenen aufsteigen (Farbabb. 1).
- Das Scheitel-Chakra als Bereich der höchsten Erleuchtung, dessen Aktivität den Fluß der Verbindungsströme zwischen Mensch und göttlichem Kosmos bzw. dessen unerschöpflicher Energie ermöglicht (Farbabb. 1, 9, 11; Abb. 3, 49, 52, 54).

Die Gesten der Madonna richten sich oft auf diese Körperzentren und inspirieren die Gläubigen, sich durch Gebet und Meditation dem Einfluß der göttlichen Kräfte zu öffnen.

Orantin

Die älteste Darstellungsform der *Maria Orans,* der *betenden Muttergottes,* zeigt sie, dem Betrachter frontal zugewandt, als aufrechtstehende Gestalt mit symmetrisch erhobenen Armen (Abb. 63). Die Innenflächen der Hände zum Himmel gewandt, formuliert ihre Haltung die Bitte an Gott, seine Gnaden über sie zu ergießen. Die Hände werden zu Schalen, welche die ›Ströme des Heiligen Geistes‹ auffangen und weiterleiten dürfen.

Heute noch in der Gebetspraxis charismatischer Gruppen verbreitet, gehörte diese Geste bereits im Urchristentum zu den elementaren Gebetshaltungen. Die ekstatisch ausgebreiteten Arme stellen eine leidenschaftliche Öffnung des Körpers zu Gott dar. Die Hände als Werkzeug der äußeren Aktivität wenden sich nach oben,

63 »Maria Orans«, 705–707, aus dem Oratorio della Porta Santa in S. Pietro, Vatikan, jetzt in der Cappella Ricci der Basilica di S. Marco, Florenz

um Gottes Willen geschehen zu lassen. In ihrer Sinnlichkeit und Bewegtheit ging diese Gestik insbesondere in die Mariendarstellungen der Barockzeit ein (Abb. 64).

Als Bildtypus geht die Maria Orans auf das ikonographische Erbe der römischen Kaiserzeit zurück. Mit dem Gebetsgestus der Orans demonstrieren weibliche Gewandstatuen auf Münzen die hochgeschätzten römischen Tugendsymbole von Treue, Frömmigkeit und Liebe zu den Göttern, zum Kaiser und zur Familie. Das frühe Christentum übernahm das gängige Motiv, um auf Sarkophagen und Katakomben-Fresken Verstorbener, Heiliger und Märtyrer zu gedenken. Bereits im 4. Jh. verband sich die Darstellung der Orantin mit der Gestalt Mariens. In der byzantinischen Kunst aller Jahrhunderte sollte ihr ein zentraler Platz zukommen – in den Himmelfahrtsbildern, wo die Maria Orans als Symbol der Kirche, als Heilsvermittlerin in der Mitte der Apostel die Hände erhebt.

64 »Maria, in den Himmel aufgenommen«, Martin Knoller, 1771–75, Ausschnitt des Deckengemäldes in der Hauptkuppel, Abteikirche Neresheim

Ihre Körperhaltung stellte so die Verbindung zum auffahrenden Christus her, und die himmlische Mutter wurde zur zentralen Mittlergestalt zwischen ihrem Sohn und den Gläubigen. Auch nach dem Bilderstreit blieb dieses Motiv erhalten, nun allerdings – nach dem wundertätigen Marienbild in der Blachernenkirche von Konstantinopel (s. S. 169) – *Blacherniotissa* genannt. Die Blacherniotissa wurde als Beschützerin der kaiserlichen Familie verehrt, und daher zu einem der zentralen Themen in der Geschichte der Ikonenmalerei. Dabei verschmolz in der russischen Ikonenmalerei der Typus der Maria Orans mit Darstellungen der heiligen Sophia, wie etwa im monumentalen Apsismosaik der Sophienkathedrale in Kiew.

Die aktive Aufnahme der Kräfte des Heiligen Geistes, die mit der Gestalt der Sophia assoziiert wird (s. S. 205), ist in der Gebetspraxis mit der Orantenhaltung verbunden – ein Aspekt, der auch in der zeitgenössischen christlichen Kunst wieder mehr Beachtung findet.

Das 1914/15 entstandene Bild des russischen Malers Kusma Petrow-Wodkin (1878–1939), »Gottesmutter, harte Herzen rührend« (Farbabb. 12), setzt diese Tradition fort. Bei Petrow-Wodkin wird das Bild der Gottesmutter zum Typus ›der‹ russischen Frau. Ihre betenden Hände öffnen die Aura eines blauen Heiligenscheins, in dem sich ihre Mutterschaft zwischen Geburt und Kreuz vollzieht. Vor diesem sphärischen Blau, das eine himmlische Vertiefung der irdischen Ereignisse symbolisiert, erheben der leuchtend weiße Schleier (s. S. 184f.) und der tiefrote Mantel (s. S. 150) die Gestalt Mariens in eine Sphäre von inniger Liebe und Reinheit.

Madonna Platytera

Aus dem Bildtypus der Orantin entwickelte sich im 9. Jh. die Darstellung der *Madonna Platytera,* der *Gottesmutter* oder *Jungfrau des Zeichens* (Abb. 65). Platytera ist ein Ehrentitel, der auf Basileios den Großen (329/331–379), den bedeutenden östlichen Kirchenlehrer und Hymnendichter, zurückgeht. In seinem Hymnus zu Ehren der Gottesgebärerin heißt es:

65 »Gottesmutter vom Fluß Miroža«, Erlöserkloster, Pskov

»Deinen Schoß machte Gott zu einem Thron und deinen Leib gestaltete er ›weiter‹ *(platytera)* bzw. ›höher‹ als die Himmel.«[131]

In der Brust der betenden Madonna Platytera erscheint ein Medaillon, in dem das Christuskind segnend seine Hände ausbreitet (Abb. 65). Die Gestaltung dieses Bildtypus ist von den Gebräuchen des byzantinischen Kaiserhauses beeinflußt: Die Kaiserin und andere hohe Würdenträger trugen auf ihren Gewändern eine gestickte Darstellung des Kaisers, der höchsten Macht im Staate. Von Byzanz aus gelangte die Darstellung der Platytera im Mittelalter über Italien auch nach Deutschland, wo sie in unterschiedlichen Varianten bis in die Barockzeit hinein immer wieder bildnerisch umgesetzt wurde.

In mystischer Schau bezieht sich die Jungfrau des Zeichens auf die Prophezeiung von Jesaja 7, 14:

> »Darum wird euch der Herr von sich aus ein Zeichen geben: Seht, die Jungfrau wird ein Kind empfangen, sie wird einen Sohn gebären, und sie wird ihm den Namen Immanuel (Gott mit uns) geben.«

In zahlreichen Darstellungen der Madonna Platytera wird der Kreis um Christus zur sonnenförmigen Aura, aus der Christus aus der ewigen Mitte des Herzens regiert (vgl. Abb. 54). Hier veranschaulicht das Bild als konkrete christliche Deutung der Aktivität des Herz-Chakras den Zustand der alles umfassenden, wärmenden und leuchtenden Liebe, das Finden der wahren ›Herzensmitte‹, des Herzensschatzes ›Gott in mir‹ (Maria repräsentiert hier wiederum die reine bzw. jungfräuliche Seele, die sich nicht mit dem Schein der materiellen Welt vermählt hat; s. S. 52). Indem sie den Zustand der Erleuchtung durch das Gebet des Herzens darstellt, bildet die Madonna Platytera die spirituelle Erweiterung der Orantin. In der Tradition der Orthodoxie gilt das sogenannte Herzens- bzw. Jesusgebet als ein besonderer Schlüssel zu den tiefsten Mysterien des Christentums. Der russische Meister der Spiritualität, Theophan der Einsiedler (1815–94) schreibt:

> »Die Praxis des Jesus-Gebetes ist einfach. Verharre vor dem Herrn in aller Aufmerksamkeit im Herzen und sprich zu ihm:
> ›Herr Jesus Christus, Sohn Gottes, erbarme dich meiner.‹ (...) was wollen wir durch das Jesus-Gebet erreichen? Wir möchten gern, daß das Feuer der Gnade sich in unseren Herzen entzündet und sehnen uns nach dem unablässigen Gebet, das den Zustand der Gnade deutlich macht. Wenn der göttliche Funke in die Seele fällt, facht das Jesus-Gebet ihn an und läßt seine Flamme hoch auflodern.«[132]

Als Symbol der erleuchteten Beterin wird Maria hier auch zur Verkörperung des ersten Gebotes, der Grundforderung Gottes:

»Darum sollst du den Herrn, deinen Gott lieben mit ganzem Herzen, mit ganzer Seele und mit ganzer Kraft.« (Dtn 6, 5)

Fürbitterin

(Festtag: Samstag nach Allerheiligen)

66 »Muttergottes aus einer Deesis-Gruppe«, russisch, Ende 17. Jh., Ikonen-Museum Recklinghausen

Fürbittgesten finden sich besonders oft auf den Ikonostasen (Bildwänden) der östlichen Kirche. Ein altes Marienmotiv der byzantinisch-christlichen Kunst ist die *Fürbittende* (Abb. 66), nach der Chalkoprateia-Kirche in Konstantinopel auch *Chalkoprateia* genannt. Dieser Bildtypus zeigt Maria in Dreiviertelansicht. Sie hält ihre Hände in Brusthöhe nach vorn gerichtet, die linke Hand häufig etwas höher als die rechte. Ihre Körpersprache verleiht ihrer ›Herzensbitte‹ deutlichen Ausdruck. Sie nimmt die unsichtbare Last der anderen und gibt diese weiter an Christus. Manchmal steht sie auch im Kreis von Heiligen, die ebenfalls Fürbitte leisten. Die Darstellung der fürbittenden Maria ging auch in die großen Weltgerichtsszenen ein. Als Votivbild kann die Chalkoprateia zusammen mit einer Stifterfigur auftreten, deren Bitte Maria an Christus weitergibt.

Die abendländische Kunst des Mittelalters integrierte die Gestalt der Fürbitterin Maria vor allem in die gewaltigen Szenen des Jüngsten Gerichts. In den Einzeldarstellungen wurde sie allerdings – in der abendländischen Kunst – allmählich von der Schutzmantelmadonna abgelöst (s. S. 174ff.).

In der Fürbitterin begegnen wir Maria in ihrem Aspekt der mütterlichen Barmherzigkeit, die für ›ihre‹ geistigen Kinder vor der göttlichen Gerechtigkeit einsteht (Abb. 51).

Heilerin

(Festtag: Heil aller Kranken am Samstag vor dem letzten Sonntag im August)

Aus der byzantinischen Ikonographie stammt ferner eine Geste, die sich häufig in Szenen des Marienlebens (meist Verkündigung und Pfingsten) findet: die nach vorn weisenden, vor der Brust leicht angewinkelten und gebogenen Handflächen. Diese Handhaltung, auch als antike Redegeste interpretiert, gehört zu den zentralen Gesten des christlichen Heilens, mit denen göttliche Wärmeströme in den Innenflächen der Hände empfangen und auf die Hilfesuchenden fühlbar und heilend ausgestrahlt werden. In der antiken Kunst wurde die heilende Hand des Wundertäters Asklepios mit Gold überzogen. Eine Darstellungsweise, die in die byzantinische Bildsprache einging und auch Marienbilder beeinflußte. So schmückt man die heilkräftigen Gebetshände von wundertätigen Marienbildern mit Goldfassungen – Zeichen für die göttlichen Energien des Lichtlandes, die den Händen entströmen.

In Szenen des Marienlebens verbindet sich die Geste mit dem heilenden Aspekt des göttlichen Wortes, durch dessen Aufnahme die heiligen Energien zu fließen beginnen. Damit wird jener Moment der geistigen Entwicklung symbolisiert, in dem das göttliche Wort zur innerlichen Entflammung und Erwärmung führt und auf andere Menschen spürbar übertragen werden kann.

So nimmt Maria als zentrale Gestalt in der Pfingstdarstellung des Meisters von Hohenfurt (um 1350 entstanden) die Heilige Schrift

67 »Verkündigung«, Mitte 12. Jh., aus einem Evangeliar aus dem Kloster Gengenbach, Württembergische Landesbibliothek, Stuttgart

und den Heiligen Geist auf, um diese Energien durch die Hand vor ihrem Herzen an den gläubigen Betrachter weiterzusenden. In einer älteren Verkündigungsdarstellung aus einem schwäbischen Evangeliar (Mitte des 12. Jh.; Abb. 67) konzentrieren sich die frontal nach oben weisenden Handflächen Mariens direkt auf den Betrachter und erweisen sich als Ausgangspunkte geistiger Strahlen. Als große Heilerin wurde die Muttergottes in der berühmten Vision von Katharina Labouré (1830) gesehen. Das Gemälde, das Frère Carbonnier zu dieser Vision gestaltete (s. S. 224), zeigt Maria, wie sie mit schützend ausgebreiteten Händen über der Erdkugel schwebt. Aus den Handflächen fließen funkelnde, goldene Lichtbahnen – Ausdruck ihrer heilenden Segenskräfte.

Vor der Brust gekreuzte Arme

Als Ehrfurchtsbezeugung der Kinder gegenüber ihren verstorbenen Eltern ist die Geste der gekreuzten Arme bereits im altägyptischen Reich bekannt. Auch Weihestatuen von Königen und hohen Beamten sowie kleine Figuren, die den Toten als Seelenbildnisse mitgegeben wurden, zeigen diese Haltung. Später werden, wie Quellen aus dem römischen Reich berichten, die gekreuzten Arme zum Kennzeichen von Dienern, die mit dieser Geste grüßen und huldigen. Am byzantinischen Kaiserhof wartete das Gefolge schweigend mit gekreuzten Armen vor der Brust auf seine Entlassung nach dem sonntäglichen Empfang.

Diese Gestik hat Eingang in die Liturgie der Ostkirche und damit auch in die christliche Kunst gefunden. Papst Nikolaus I.

68 »Maria erscheint den Hirtenkindern Melanie und Maximin in La Salette«, Luigi Peregrini, 1852

empfahl sie im Jahr 866 den Gläubigen, weil sie Demut zeige und weil das ›Gebundensein‹ der Hände an das Gleichnis von den Verworfenen erinnere, die, an Händen und Füßen gefesselt, der Finsternis preisgegeben werden (Mt 22, 13). Mit dieser Körperhaltung bekenne der Betende seine Schuld vor Gott.

In der westlichen Liturgie setzte sich diese Gebetshaltung erst im späten Mittelalter durch, zumeist in der Andachtspraxis einzelner Ordensgemeinschaften. Zahlreiche Gemälde, vor allem Verkündigungsdarstellungen, Weihnachts-, Pfingst- und Himmelfahrtsszenen zeigen die Muttergottes im Zustand der Ergriffenheit oder Versenkung mit vor der Brust gekreuzten Armen, vor allem in den Darstellungen der *Annunziata* (Abb. 22; s. S. 66ff.). In dieser Haltung wird Maria auch in bedeutenden Visionen gesehen, so in der Verkündigungsvision von Anna Katharina Emmerich (1774–1824) und in einer der bekanntesten Marienerscheinungen des 19. Jh., der von La Salette in Frankreich (1846; Abb. 68). Das Hirtenmädchen Melanie, dem Maria erschien, als es mit einem anderen Kind Schafe hütete, berichtet:

> »Plötzlich sah ich ein Licht, strahlender als die Sonne (...) und mitten in diesem Licht erblickte ich eine sehr schöne Frau (...) Diese schöne Frau erhob sich. Sie faltete die Arme leicht über der Brust, als sie uns anblickte, und sagte: ›Kommet her, meine Kinder, habt keine Angst. Ich bin hier, um euch eine große Botschaft mitzuteilen‹.«[133]

Mit den vor der Brust gekreuzten Armen beginnt der Moment des ›Einschließens‹, des In-Sich-Gehens, des Sich-Ab-Wendens von der äußeren Welt, ein Aspekt, der sich tiefgreifend von der frühchristlichen Orantenhaltung und ihrer frontalen, sinnlichen Öffnung ›nach oben‹ unterscheidet (Abb. 36).

In spiritueller Dimension repräsentieren die gekreuzten Arme der Muttergottes den sehr persönlichen und intimen Aspekt der Annahme des göttlichen Wortes, das ins Herz »geschrieben« (Dtn 6, 6), von den Händen schützend umschlossen und behütet wird. Maria zeigt sich hier als Vorbild einer kontemplativen Seele, die sich demütig vor dem göttlichen Mysterium verbeugt, in der Bereitschaft, dieses in sich aufzunehmen und zu bewahren.

Die Muttergottes erscheint uns auf zahlreichen spätmittelalterlichen Darstellungen im deutschen Raum still, ganz nach innen gekehrt, Vorbild einer demütigen Frau, die nicht mehr (wie noch die Orantin) in die Außenwelt blickt, sondern alle Konzentration nach ›innen‹, in die ›Räume des Herzens‹ wendet. In diesem symbolischen Kontext steht auch die Geste der gefalteten Hände.

Gefaltete Hände

Viele Religionen kennen die Geste der gefalteten Hände. Das Zusammenfalten der Hände, die vor dem Brustbereich nach oben gerichtet sind, drückt aus, daß alle äußeren Aktivitäten nun ruhen, gebunden sind in der Hinwendung ›nach oben‹, zur Welt des Geistes, auf die sich nun Körper und Seele konzentrieren.

Im Gegensatz zur Geste der Orantin blieben die gefalteten Hände und die kniende Körperhaltung lange der individuellen Verinnerlichung und seelischen Sammlung im privaten Bereich vorbehalten. Bis in das 9. Jh. betrachtete das Christentum die Gebärde der gefalteten Hände sogar mit Ablehnung, da Römer und Griechen diese Handstellung zur magischen Abwehr und Fesselung von Dämonen benutzten. Auch war sie eine germanische Huldigungsgeste, mit der ein Vasall die Hingabe an seinen Herrn zum Ausdruck brachte. Erst mit dem beginnenden Mittelalter konnte sich diese Gebetshaltung langsam durchsetzen. Sie galt nun als ein Zeichen der Gebundenheit an Gott.

Die gefalteten Hände und das Niederknien zum Gebet wurden zu den bedeutendsten Haltungen in der abendländischen Gebetspraxis, sie drücken Demut und Ehrfurcht aus. Vor allem die Verkündigungs- und Weihnachtsdarstellungen des späteren Mittelalters zeigen immer wieder eine kniende Maria mit gefalteten Händen – in Anbetung des göttlichen Mysteriums. Auf manchen Gemälden, wie etwa dem »Jüngsten Gericht« von Rogier van der Weyden, sind die gefalteten Hände Mariens und aller anderen Heiligen aber auch ein Bild der Fürbitte, das die Heiligen am Fuße des Regenbogens sprechen, damit die auferstandenen Seelen zum Himmel ›aufsteigen‹ dürfen.

Das visionäre Bild Mariens im 19. Jh.

In den vergangenen 160 Jahren begann sich die Darstellungsweise Mariens in den Kultbildern mehr und mehr auf einige wenige ›Typen‹ zu konzentrieren, wobei die Immaculata (s. S. 45 ff.) bis heute dominiert. Diese bereits im Verlaufe des gegenreformatorischen Bildprogramms eingeleitete Entwicklung wurde durch zwei bedeutende Marienerscheinungen in Frankreich verstärkt, die zeitlich die Formulierung des Dogmas der Unbefleckten Empfängnis Mariens durch Papst Pius IX. im Jahre 1854 ›umrahmten‹. Die Erscheinungen in Paris (Rue du Bac), 1830, und in Lourdes, 1858 (Abb. 7; s. S. 146), entwarfen ein visionäres Bild der Madonna, das sogleich innerhalb der gesamten katholischen Welt begeistert aufgenommen wurde. Ihre Vision (ohne Jesuskind) enthielt wesentliche Elemente der Immaculata und war voller mystischer Hinweise auf die verborgene Gestalt der Sophia, was jedoch zu dieser Zeit in der Volksfrömmigkeit weder bekannt war, noch in dieser Dimension bewußt rezipiert werden konnte. Die Bilder Mariens im Zustand der Morgenröte (Weish 6, 14; Sir 24, 32) tauchten gleichsam von ›unten‹ auf, aus den untersten weiblichen Rängen der sozial-kirchlichen Hierarchie. Sie eroberten eine Welt voller Umbrüche und erschienen als sophianische Vision der die Welt rettenden Jungfrau:

> Ich sah »die seligste Jungfrau, aufrechtstehend, angetan mit einem weißen, in rötlichem Glanze, gleich der Morgenröte schimmernden Gewande, am Hals geschlossen und mit engen Ärmeln versehen«,

schreibt die später (1947) heilig gesprochene Ordensfrau Katharina Labouré (1806–76) über ihre Vision in einer bescheidenen Klosterkirche bei Paris (Rue du Bac), am frühen Abend des 27. November 1830,

»– Das Haupt war mit einem weißen Schleier bedeckt, der zu beiden Seiten, bis auf die Füße herabwallte. Auf dem gescheitelten Haare trug sie eine Art Schleier, mit kleinen Spitzen besetzt und auf dem Haare flach aufliegend. Das Gesicht war ziemlich unverhüllt, und die Füße ruhten auf einer Erdkugel, oder vielmehr auf einer halben Erdkugel; wenigstens sah ich davon nur die Hälfte. In ihren Händen hielt die seligste Jungfrau in der Höhe des Gürtels eine kleine Kugel, die die Welt vorstellte; sie hatte die Augen zum Himmel erhoben; – und während sie die Weltkugel Gott aufopferte, wurde ihr Gesicht immer leuchtender. – Ihr Angesicht war von solcher Schönheit, daß man es unmöglich beschreiben kann.«[134]

Diese hier nur ausschnittweise zitierte Vision führte – auf den ausdrücklichen Wunsch der Muttergottes hin – zur Prägung der sogenannten ›Wundertätigen Medaille‹, derer zehn Millionen bereits 1839 in der gesamten christlichen Welt verkauft wurden und der die Marienverehrer bis heute unzählige Wunder zuschreiben.

Die Vision hielt man 1841 erstmals als zeichnerischen Entwurf auf Papier fest, 1843 gestaltete dann der Ordensbruder Carbonnier ein großes Andachtsbild der Marienerscheinung. Technisch und kompositorisch von klassischen Vorbildern inspiriert, verband sich das visionäre Element des Bildes mit dem Zeitgeist jener Epoche, dem die lieblich-sanfte Interpretation Raffaels entsprach – was neuen, bisher unbekannten Sehweisen der Muttergottes enge Grenzen setzte. So war die Seherin, wie auch später Bernadette Soubirous (Lourdes), von den vielen Bildern und Skulpturen ihrer Vision, die zu ihren Lebzeiten angefertigt wurden,

»nie ganz befriedigt: doch sie schwieg ihr ganzes Leben lang davon. Erst kurz vor ihrem Tode sagte sie ihrer Schwester Oberin Dufès, nichts könne die Anmut und Schönheit der Erscheinung wiedergeben. (...) und die Gesichtszüge der seligsten Jungfrau seien weder besonders jugendlich noch sehr freundlich gewesen, sondern eher ernst und etwas traurig.«[135]

Neue Techniken förderten die rasche Verbreitung dieser Marienbilder in Kirchen und Kapellen. Gipsskulpturen der Lourdes-Madonna in jedem erdenklichen Format schmücken bis heute Andachtswinkel, Häuserfronten in bäuerlich-katholischen Regionen und Nachbildungen der Erscheinungsgrotte in Wallfahrtsstätten. Diese populären, oftmals bunt, farbenfroh und etwas süßlich gestalteten Bildwerke haben bis in die Gegenwart das Bild von der Muttergottes geprägt und ließen es gerade für ›intellektuellere‹ Gläubige zum Ausdruck einer ›unzeitgemäßen und kitschigen‹ Marienverehrung werden. Der kritische Abstand zu den verschiedenen Ausdrucksformen der Volksfrömmigkeit ließ für viele eine Auseinandersctzung mit der mystischen Gestalt der Muttergottes unmöglich werden. Daher stehen wir heute innerhalb der katholischen Bildwelt dem Phänomen gegenüber, daß zwar alle neueren Kultwerke Mariens direkt auf kirchlich anerkannte Visionen zurückgehen, andererseits aber die spirituellen Aussagen dieser Werke in der breiten christlichen Öffentlichkeit zumeist unbekannt sind. Die Verehrung neuerer Kultbilder, so auch der Nachschöpfungen der Erscheinung der Muttergottes in Fatima (Portugal 1916) und der ›Dreifachen Wunderbaren Muttergottes‹ der katholischen Schönstattbewegung (Gründung 1914 durch Pater Joseph Kentenich) findet somit eher am Rande des kirchlichen Lebens statt, wenngleich seit einigen Jahren die Marienverehrung wieder neuen Raum erhält; eine Entwicklung, die vielleicht auch die Tradition des Muttergottesbildes aufgreifen und weiterführen wird.

69 ›Wundertätige Medaille‹

Anhang

Anmerkungen

Die Bibelstellen wurden folgender Ausgabe entnommen: Die Bibel. Altes und Neues Testament. Freiburg 1980

1 Zitiert in: Lange, R. Das Marienbild der frühen Jahrhunderte. Reihe: Iconographia Ecclesiae Orientalis. Recklinghausen 1969. S. 5
2 Zitiert in: Schäfer, G. (Hrsg.) Handbuch der Malerei. Trier 1855. S. 417, § 447
3 Heiser, L. Maria in der Christus-Verkündigung des orthodoxen Kirchenjahres. Trier 1981. S. 52
4 Belting, H. Bild und Kult. Eine Geschichte des Bildes vor dem Zeitalter der Kunst. München 1990. S. 208
5 Heiser, L. a. a. O. S. 54
6 Lechner, G. Marienverehrung und Bildende Kunst. In: Beinert, W./Petri, H. (Hrsg.) Handbuch der Marienkunde. Regensburg 1984. S. 612
7 Heiser, L. a. a. O. S. 60
8 Florenskij, P. Die Ikonostase. Urbild und Grenzerlebnis im revolutionären Rußland. Stuttgart 1988. S. 75 ff.
9 Meister Eckhart Deutsche Predigten und Traktate. München 1979. S. 421
10 Eliade, M. Ewige Bilder und Sinnbilder. Freiburg 1957. S. 107
11 Florenskij, P. a. a. O. S. 79
12 Zitiert in: Holböck, F. Geführt von Maria. Salzburg 1987. S. 363
13 Lama Anagarika Govinda Lebendiger Buddhismus im Abendland. Bern/München/Wien 1986. S. 154 f.
14 Anonymus d'Outre-Tombe Die großen Arcana des Tarot. Meditationen. 4 Bände. Band 1. Basel 1983. S. 107
15 Florenskij, P. a. a. O. S. 107
16 Zitiert in: Ebert–Schifferer, S./Emiliani, A./Schleier, E. (Hrsg.) Guido Reni und Europa, Ruhm und Nachruhm. Katalog der Schirn Kunsthalle. Frankfurt 1989. S. 175

17 Florenskij, P. a. a. O. S. 107f.

18 Hauschka, M. Rhythmische Massage nach Dr. Ita Wegmann. Menschenkundliche Grundlagen. Nürnberg 1984. S. 116

19 Onasch, K. (Hrsg.) Altrussische Heiligenleben. Wien 1978. S. 130f.

20 Linsbauer, H. Marienlegenden. Zeugnisse der Marienverehrung aus vielen Jahrhunderten. Augsburg 1989. S. 73

21 ibid.

22 Linsbauer, H. a. a. O. S. 74

23 Anonymus d'Outre-Tombe a. a. O. Band 1. S. 54

24 Anonymus d'Outre-Tombe a. a. O. Band 1. S. 61

25 Anonymus d'Outre-Tombe a. a. O. Band 1. S. 55 und S. 64

26 Anonymus d'Outre-Tombe a. a. O. Band 2. S. 304

27 Apokryphe Quellen zitiert bei: Kleinschmidt, B. Die heilige Anna. Ihre Verehrung in Geschichte, Kunst und Volkstum. Düsseldorf 1930. S. 7

28 Weinreb, F. Innenwelt des Wortes im Neuen Testament. Eine Deutung aus den Quellen des Judentums. Weiler im Allgäu 1988. S. 186f.

29 Weinreb, F. GottMutter. Die weibliche Seite Gottes. Weiler im Allgäu 1990. S. 31f.

30 Zitiert in: Schipflinger, Th. Maria-Sophia. Eine ganzheitliche Vision der Schöpfung. München/Zürich 1988. S. 9

31 Jakob Böhme zitiert in: Schipflinger, Th. a. a. O. S. 132

32 Schult, A. Maria Sophia. Das Ewig-Weibliche in Gott, Mensch und Kosmos. Bietigheim 1986. S. 27

33 Barbet, J. Dic über alles schöne Frau. Die wahre Geschichte der heiligen Bernadette nach den ersten authentischen Augenzeugenberichten. Stein am Rhein 1979. S. 85

34 Drews, A. Der Sternenhimmel in der Dichtung und Religion der alten Völker und des Christentums. Jena 1923. S. 176

35 Drews, A. a. a. O. S. 176

36 Meister Eckhart a. a. O. S. 159f.

37 Anna Katharina Emmerich Leben der Hl. Jungfrau Maria. Aufgeschrieben von Clemens von Brentano. Augsburg 1989. S. 93

38 Sticheron am Vorabend; Menaion. November. 210f. Zitiert in: Heiser, L. a. a. O. S. 98

39 Übersetzt und zitiert in: Beissel, S. Die Verehrung Unserer Lieben Frau in Deutschland während des Mittelalters. Ergänzungshefte zu den »Stimmen aus Maria Laach« Nr. 66. Freiburg 1896. S. 33

40 Steiner, R. Das Wesen der Farbe. Dornach 1980 (^{4}1991). S. 150.

41 Zitiert in: Muzj, M. G. Ganz Auge, ganz Licht, ganz Geist. Einführung in die Betrachtung der Ikonen. Würzburg 1989. S. 87

42 Meister Eckhart a.a.O. S. 81
43 Meister Eckhart a.a.O. S. 385
44 Rosenberg, A. Engel und Dämonen. Gestaltwandel eines Urbildes. München 1986. S. 114
45 Zitiert in: Heiser, L. a.a.O. S. 171
46 Drews, A. a.a.O. S. 224f.
47 Drews, A. a.a.O. S. 179
48 Zitiert in: Lexikon der Marienkunde. Band 1 (Aachen bis Elisabeth). Regensburg 1967. S. 804f.
49 Riedel, I. Farben. In Religion, Gesellschaft, Kunst und Psychotherapie. (Symbole). Stuttgart 1983. S. 179f.
50 Riedel, I. a.a.O. S. 180
51 Zitiert in: Holböck, F. a.a.O. S. 362
52 Zitiert in: Drews, A. a.a.O. S. 223
53 Weinreb. F. Die jüdischen Wurzeln des Matthäus-Evangeliums I. Weiler im Allgäu. 1991. S. 144
54 Ruusbroec, J. van Die Zierde der geistlichen Hochzeit. Einsiedeln 1987. S. 155
55 Anna Katharina Emmerich a.a.O. S. 363
56 In der Übersetzung zitiert von Belting, H. a.a.O. S. 586f.
57 Schult, A. a.a.O. S. 16
58 Heiser, L. a.a.O. S. 384
59 Titus Burckhardt zitiert in: Anonymus d'Outre-Tombe a.a.O. Band 4. S. 705
60 Heiser, L. a.a.O. S. 385
61 Ott, G. Legende von den Lieben Heiligen Gottes. Regensburg 1861. S. 703
62 Karl Koch zitiert in: Riedel, I. Bilder. In Therapie, Kunst und Religion. (Symbole). Stuttgart 1988. S. 31f.
63 zur Bonsen, E./Glees, C. (Hrsg.) Die Visionen der Heiligen Brigitta von Schweden. Augsburg 1989. S. 179
64 Hildegard von Bingen Scivias. Wisse die Wege. Salzburg 1981 (Freiburg 1992)
65 Hanssler, B. Der Maler des Credo. Karl Caspars religiöse Bildthemen. In: Schuster, P.-K. »München leuchtete«. Karl Caspar und die Erneuerung christlicher Kunst in München um 1900. München 1984. S. 277
66 Steiner, R. Anweisungen für eine esoterische Schulung. Dornach [5]1979. S. 96
67 Kath. Pfarramt St. Bruder Klaus (Hrsg.) Gott spricht zur Seele. Aufzeichnungen aus dem Tagebuch einer Begnadeten. Sonderdruck. Querschnitt aus den Heften 1–8. München 1987. S. 78
68 Hildegard von Bingen a.a.O. S. 139
69 Hildegard von Bingen a.a.O. S. 141
70 Zitiert in: Schaffer, C. Koimesis. Der Heimgang Mariens. Das Entschlafungsbild in seiner Abhängigkeit von Legende und Theologie. Regensburg 1985. S. 47

71 Zitiert in: Schaffer, C. a. a. O. S. 31
72 Germanus von Konstantinopel zitiert in: Schaffer, C. a. a. O. S. 85, 61
73 Anonymus d'Outre-Tombe a. a. O. Band 4. S. 632
74 Zitiert in: Teichert, W. Gärten. (Symbole). Stuttgart 1986
75 Steffen, A. Reisen Hüben und Drüben. Erinnerungen. Dornach 1963. S. 82
77 Barbet, J. a. a. O. S. 73
78 Melanie Calvat zitiert in: Gouin, P. Melanie. Die Hirtin von La Salette. Stein am Rhein 1982. S. 84, 86
79 zur Bonsen, E./Glees, C. (Hrsg.) a. a. O. S. 148
80 Johnston, F. So hat Er keinem Volk getan. Das Wunder von Guadalupe. Stein am Rhein. 1986. S. 32
81 Cuylen, M. Katharina Labouré. Die Seherin der Wunderbaren Medaille. Freiburg (Schweiz) 1952. S. 23
82 Steiner, R. a. a. O. 1980 S. 51
83 Zitiert in: Drews, A. a. a. O. S. 85
84 Anonymus d'Outre-Tombe a. a. O. Band 4. S. 539
85 Anonymus d'Outre-Tombe a. a. O. Band 2. S. 241
86 Zitiert in Schaffer, C. a. a. O. S. 37
87 Warner, M. Geburt, Triumph, Niedergang, Rückkehr eines Mythos? München 1982. S. 325
88 Barbet, J. a. a. O. S. 74
89 Weinreb, F. Vom Geheimnis der mystischen Rose. Weiler im Allgäu 1983. S. 32
90 Zitiert in: Klinkhammer, K. Die ganzheitliche Spiritualität des Kartäusers Adolf von Essen. »Unser Frauwen Marien Rosengertlin«. In: Petri, H. (Hrsg.) Christsein und marianische Spiritualität. Mariologische Studien. Band VI. Regensburg 1984. S. 151
91 Weinreb. F. a. a. O. 1983. S. 31
92 Schult, A. a. a. O. S. 77
93 Steffen, A. a. a. O. 1963. S. 111 f.
94 Leadbeater, C. Die Chakras. Freiburg 1984. S. 12
95 Salzer, A. Die Sinnbilder und Beiworte Mariens in der deutschen Literatur und lateinischen Hymnenpoesie des Mittelalters. Linz 1893. S. 260
96 Salzer, A. a. a. O. S. 281
97 Anonymus d'Outre-Tombe a. a. O. Band 3. S. 423
98 Gertrud (die Große) Legatis divinae pietatis. Gesandter der Göttlichen Liebe. Freiburg 1979. S. 451
99 Belting-Ihm, C. Sub matris tutela. Untersuchungen zur Vorgeschichte der Schutzmantelmadonna. Heidelberg 1976. S. 43
100 Zitiert in: Plank, P. Gottesgebärerin und Immerjungfrau. Altchristliche Quellen ostkirchlicher Marienverehrung. In: Petri, H. (Hrsg.) a. a. O. S. 63 f.

101 Zitiert in: Schmidt, H. und M. Die vergessene Bildersprache christlicher Kunst. München [4]1989. S. 256

102 Anonymus d'Outre-Tombe a. a. O. Band 2. S. 304 f.

103 Weinreb, F. Die Legende von den beiden Bäumen. Alternatives Modell einer Autobiographie. Bern 1981. S. 185 f.

104 Weinreb, F. Aus der Kabbala: Gedanken über das Gewand. In: Die Wolke. Forum der Schweizer Akademie für Grundlagenstudien. Jahrg. 4, Heft 2. Zürich Juni 1983. S. 15

105 Zitiert in: Delius, W. Geschichte der Marienverehrung. München/Basel 1983. S. 115

106 Anonymus d'Outre-Tombe a. a. O. Band 4. S. 539

107 Drews, A. a. a. O. S. 105

108 Lama Anagarika Govinda Grundlagen tibetanischer Mystik. Die geheime Lehre des Großen Mantra. Weilheim [5]1982. S. 131

109 Zitiert in: Salzer, A. a. a. O. S. 20, 36, 92

110 Weinreb, F. Buchstaben des Lebens, Das hebräische Alphabet. Nach jüdischer Überlieferung erzählt. Weiler im Allgäu 1979 (1990). S. 106

111 Weinreb, F. a. a. O. 1981. S. 64

112 »Marienlied« von Melk zitiert in: Schmidt, H. und M. a. a. O. S. 231

113 Gregor von Nyssa Der versiegelte Quell. Auslegungen des Hohen Liedes. Christliche Meister 21. Einsiedeln 1984. S. 86

114 Lorber, J. Die geistige Sonne. Mitteilungen über die geistigen Lebensverhältnisse des Jenseits. Band I und II. Bietigheim 1955. Band I. S. 301

115 Mechthild von Magdeburg Ich tanze, wenn Du mich führst. Ein Höhepunkt deutscher Mystik. Freiburg 1988. S. 147 f.

116 Lechner, G. Maria Gravida. In: Münchner Kunsthistorische Abhandlungen 9. München/Zürich 1981. S. 603

117 Matthews, J. (Hrsg.) Der Gralsweg. München 1989. S. 116

118 Zitiert in: Linsbauer, H. a. a. O. S. 165

119 Weinreb, F. a. a. O. 1990. S. 165

120 Anna Katharina Emmerich a. a. O. S. 165

121 Meister Eckhart a. a. O. S. 207

122 Vgl. das Gemälde »Maria mit den Heiligen« (sogenannte ›Medici-Madonna‹) von Rogier van der Weyden, um 1450. Städelsches Kunstinstitut Frankfurt. Abgebildet in: Delenda, O. Rogier van der Weyden. Das Gesamtwerk des Malers. Stuttgart/Zürich 1988. Bildtafel 26

123 Anonymus d'Outre-Tombe a. a. O. Band 1. S. 181

124 Weis, A. Die Madonna Platytera. Entwurf für ein Christentum als Bildoffenbarung anhand der Geschichte eines Madonnenthemas. Königstein im Taunus 1985. S. 44

125 Steiner, R. a. a. O. 1980. S. 35

126 Weinreb, F. a. a. O. 1981. S. 221

127 Anonymus d'Outre-Tombe a. a. O. Band 1. S. 55

128 Anonymus d'Outre-Tombe a. a. O. Band 1. S. 42

129 Lurker, M. Der Kreis als Symbol. Tübingen 1981. S. 91

130 Anonymus d'Outre-Tombe a. a. O. Band 1. S. 48

131 Zitiert in: Heiser, L. a. a. O. S. 379

132 Starez Theopan Schule des Herzensgebetes. Salzburg 1985. S. 49, 66

133 Melanie Calvat zitiert in: Gouin, P. a. a. O. S. 72

134 Cuylen, M. a. a. O. S. 23

135 Cuylen, M. a. a. O. S. 25

Für die Erlaubnis, längere Passagen aus Publikationen ihrer Häuser zu zitieren, danken wir insbesondere: dem Hanser Verlag, München; dem Verlag Herder, Basel; dem Kreuz-Verlag, Stuttgart; Lorber-Verlag & Turm-Verlag, Bietigheim; dem Pattloch-Verlag, Augsburg; dem Paulinus-Verlag, Trier; dem Thauros Verlag, Weiler im Allgäu und dem Verlag Urachhaus, Stuttgart.

Literaturverzeichnis

Althaus, K./Koch, G./Zacharuk, R. Ikonen. Aus der Sammlung Dr. Jörgen Schmidt-Voigt. Ikonen-Museum der Stadt Frankfurt/M. 1990

André, M. Les visites de la Sainte Vierge à la France au XIXe siècle. Paris 1940

Angelus Silesius Blüh' auf gefror'ner Christ. Verse und Lieder. Freiburg 1984

Anna Katharina Emmerich Leben der hl. Jungfrau Maria. Aufgeschrieben von Clemens von Brentano. Augsburg 1989

Anonymus d'Outre-Tombe Die großen Arcana des Tarot. Meditationen. 4 Bände. Basel 1983

Appuhn, H. Einführung in die Ikonographie der mittelalterlichen Kunst in Deutschland. Darmstadt [4]1991

Argüelles, J. und M. Das große Mandala-Buch. Mandala in Aktion. Freiburg [3]1984

Avalon A. (d.i. Sir John Woodroffe) Die Schlangenkraft. Die Entfaltung der schöpferischen Kräfte im Menschen. Weilheim [3]1978

Barbet, J. Die über alles schöne Frau. Die wahre Geschichte der heiligen Bernadette nach den ersten authentischen Augenzeugenberichten. Stein am Rhein 1979

Beck, H. (Hrsg.) Kunst um 1400 am Mittelrhein. Ein Teil der Wirklichkeit. Frankfurt/M. 1976

Beck, H./Bredekamp, H. Reliquiencharakter des Kunstwerks. In: Beck, H. (Hrsg.) S. 65–70

Beinert, W. Die mariologischen Dogmen und ihre Entfaltung. In: Beinert, W./Petri, H. (Hrsg.) S. 232–314

Beinert, W./Petri, H. (Hrsg.) Handbuch der Marienkunde. Regensburg 1984

Beissel, S. Die Verehrung Unserer Lieben Frau in Deutschland während des Mittelalters. Ergänzungshefte zu den »Stimmen aus Maria Laach« Nr. 66. Freiburg 1896

Belting, H. Bild und Kult. Eine Geschichte des Bildes vor dem Zeitalter der Kunst. München [2]1991

Belting-Ihm, Ch. Sub matris tutela. Untersuchungen zur Vorgeschichte der Schutzmantelmadonna. Heidelberg 1976

Benz, E. (Hrsg.) Russische Heiligenlegenden. Zürich [2]1983

Berliner, R. Raphaels Sixtinische Madonna als religiöses Kunstwerk. In: Das Münster 11 (1958) S. 85–102

Betz, O. Das Geheimnis der Zahlen. (Symbole). Stuttgart 1989

Betz, O. Der Lebensfaden. Ein symbolisches Motiv in Mythos und Märchen. In: Gerlitz, P. (Hrsg.) S. 107ff.
zur Bonsen, E./Glees, C. (Hrsg.) Die Visionen der Heiligen Brigitta von Schweden. Augsburg 1989
Brenske, H. Ikonen. München [3]1979
Brenske, H. Mutter und Kind auf Ikonen. In: Goldschmiede und Uhrmacher Zeitung, 85. Jahrg. Juni 1987, S. 64ff.
Burckhardt, T. Vom Wesen Heiliger Kunst in den Weltreligionen. Zürich 1955, Braunschweig 1990
Chapeaurouge, D. de Einführung in die Geschichte der christlichen Symbole. Darmstadt [3]1991
Creux, R. Ex Voto. Die Bilderwelt des Volkes. Brauchtum und Glaube. Paudex 1980
Cuylen, M. Katharina Labouré. Die Seherin der Wunderbaren Medaille. Freiburg/Schweiz 1952 bzw. Katharina Labouré und die Wunderbare Medaille der Unbefleckten. Konstanz [6]1991
Daval, J. Die Ölmalerei. Genf 1985
Delenda, O. Rogier van der Weyden. Das Gesamtwerk des Malers. Stuttgart/Zürich 1988
Delius, W. Geschichte der Marienverehrung. München/Basel 1963
Doré, G. Die Bibel. 230 Illustrationen von Gustave Doré mit Auszügen aus dem Alten und Neuen Testament sowie den Apokryphen. Wiesbaden o.J.
Drews, A. Der Sternenhimmel in der Dichtung und Religion der alten Völker und des Christentums. Jena 1923
Die Dritte Zeit. Wiederkunft des Herrn. Das Zeitalter des Heiligen Geistes. Buschhoven 1962
Duwe, G. Der Wandel in der Darstellung der Verkündigung an Maria vom Trecento zum Quattrocento. Frankfurt/M. 1988
Ebert-Schifferer, S./Emiliani, A./Schleier, E. (Hrsg.) Guido Reni und Europa. Ruhm und Nachruhm. Katalog der Schirn Kunsthalle. Frankfurt/M. 1989
Egger, H. Verkündigung. Meisterwerke christlicher Kunst. Mödling bei Wien 1987
Eich, P. Die Maria Lactans. Eine Studie ihrer Entwicklung bis in das 13. Jahrhundert und ein Versuch ihrer Deutung aus der mittelalterlichen Frömmigkeit. Dissertation. Frankfurt/M. 1953
Eliade, M. Ewige Bilder und Sinnbilder. Essays über die magisch-religiöse Symbolik. Frankfurt/M. 1988
Eliade, M. Geschichte der religiösen Ideen. Band II. Freiburg 1962
Eliade, M. Die Religionen und das Heilige. Elemente der Religionsgeschichte. Salzburg 1954

Feckes, C. So feiert Dich die Kirche. Maria im Kranz ihrer Feste. Kaldenkirchen 1954
Fischer, H. Die Ikone. Ursprung, Sinn, Gestalt. Freiburg 1989
Florenskij, P. Die Ikonostase. Urbild und Grenzerlebnis im revolutionären Rußland. Stuttgart ²1990
Gallwitz, K. (Hrsg.) Die Nazarener in Rom. Ein deutscher Künstlerbund der Romantik. München 1981
Gaube, K./Pechmann, A. von Magie, Matriarchat und Marienkult. Frauen und Religion. Versuch einer Bestandsaufnahme. Frankfurt/M. 1986
Geistige Loge (Hrsg.) Wirken der Engel. Band III der Botschaften aus dem Jenseits. 1951
Gerlitz, P. (Hrsg.) Symbolon. Jahrbuch für Symbolforschung. Neue Folge. Band 9. Köln 1988
Gertrud (die Große) Legatis divinae pietatis. Gesandter der Göttlichen Liebe. Freiburg 1979
Gollwitzer, G. Der Mensch als Mann und Weib. Sexualität und eheliche Liebe in der Schau Emanuel Swedenborgs. Bietigheim 1973
Gouin, P. Melanie. Die Hirtin von La Salette. Stein am Rhein 1982
Lama Anagarika Govinda Grundlagen tibetischer Mystik. Die geheime Lehre des Großen Mantra. Weilheim ⁵1982
Lama Anagarika Govinda Lebendiger Buddhismus im Abendland. Vision und Vermächtnis des großen Mittlers zwischen Ost und West. Bern/München/Wien 1986
Graichen, G. Das Kultplatzbuch. Ein Führer zu den alten Opferplätzen, Heiligtümern und Kultstätten in Deutschland. Hamburg 1988, München 1991
Gregor von Nyssa Der versiegelte Quell. Auslegungen des Hohen Liedes. Christliche Meister 21. Einsiedeln 1984
Grimm, J. Deutsche Mythologie. Band 1. Gütersloh 1918
Grimm, J. und W. Deutsches Wörterbuch. Leipzig 1978
Groß, K. Menschenhand und Gotteshand in Antike und Christentum. Stuttgart 1985
Haerkötter, G. und M. Drudenfuß und Mädchenmaie. Macht und Magie der Bäume. Frankfurt/M. 1989
Hanssler, B. Der Maler des Credo. Karl Caspars religiöse Bildthemen. In: Schuster, P. (Hrsg.) S. 276–285
Harding, E. Frauen-Mysterien einst und jetzt. Zürich/Berlin 1982
Haupt, G. Die Farbensymbolik in der sakralen Kunst des abendländischen Mittelalters. Dissertation. Leipzig 1940, Dresden 1941
Hauschka, M. Rhythmische Massage nach Dr. Ita Wegmann. Menschenkundliche Grundlagen. Nürnberg 1984

Hauser, A. Sozialgeschichte der Kunst und Literatur. München 1973, 1990
Heinz-Mohr, G./Sommer, V. Die Rose. Entfaltung eines Symbols. München 1988
Heiser, L. Maria in der Christus-Verkündigung des orthodoxen Kirchenjahres. Trier 1981
Hertzka, G./Strehlow, W. Die Edelsteinmedizin der Heiligen Hildegard. Freiburg [7]1991
Hildegard von Bingen Gott sehen. Texte christlicher Mystiker. Zürich [3]1990
Hildegard von Bingen Metaphysik der Seele. München 1989
Hildegard von Bingen Scivias. Wisse die Wege. Eine Schau von Gott und Mensch in Schöpfung und Zeit. Salzburg 1981, Freiburg 1992
Hillebrandt, A. Upanishaden. Köln 1984
Hoerni-Jung, H. Maria. Bild des Weiblichen. München 1991
Holböck, F. Geführt von Maria. Marianische Heilige aus allen Jahrhunderten der Kirchengeschichte. Salzburg 1987
Huber, P. Athos. Wundertätige Ikonen. Bern/Stuttgart 1967
Jeremias, A. Der Schleier von Sumer bis heute. Leipzig 1931
Januszcak, W. (Hrsg.) Maltechniken großer Meister. Herrsching 1986
Johnston, F. So hat Er keinem Volk getan. Das Wunder von Guadalupe. Stein am Rhein 1986
Jung, C.G. Psychologie und Alchemie. Gesammelte Werke. Band 12. Freiburg [6]1990
Kassel, M. (Hrsg.) Feministische Theologie. Perspektiven zur Orientierung, Stuttgart 1988
Kath. Pfarramt St. Bruder Klaus (Hrsg.) Gott spricht zur Seele. Aufzeichnungen aus dem Tagebuch einer Begnadeten. Sonderdruck. Querschnitt aus den Heften 1–8. München 1987
Kleinschmidt, B. Die heilige Anna. Ihre Verehrung in Geschichte, Kunst und Volkstum. Düsseldorf 1930
Klinkhammer, K. Die ganzheitliche Spiritualität der Schrift des Kartäusers Adolf von Essen. »Unser Frauwen Marien Rosengertlin«. In: Petri, H. (Hrsg.) S. 145–176
Kriß, R. Die Volkskunde der altbayrischen Gnadenstätten. 2 Bände. München-Pasing 1953, 1955
Lange R. Das Marienbild der frühen Jahrhunderte. Reihe: Iconographia Ecclesiae Orientalis 12. Recklinghausen 1969
Larkin, D. (Hrsg.) Die phantastische Kunst der Sulamith Wülfing. Amsterdam 1978
Laurentin, R. Vie de Catherine Labouré. Paris 1980
Leadbeater, C. Die Chakras. Eine Monographie über die Kraftzentren im menschlichen Ätherkörper. Freiburg [9]1990

Lechner, G. M. Maria Gravida. In: Münchner Kunsthistorische Abhandlungen 9. München/Zürich 1981
Lechner, G. M. Marienverehrung und Bildende Kunst. In: Beinert, W./Petri, H. (Hrsg.) S. 558–621
Lexikon christlicher Kunst. Themen, Gestalten, Symbole. Freiburg ²1989
Lexikon der Marienkunde. Band 1 (Aachen bis Elisabeth). Regensburg 1967
Linsbauer, H. Marienlegenden. Erzählungen von den Wundertaten der Gottesmutter aus 13 Jahrhunderten. Augsburg 1989
Lorber, J. Die geistige Sonne. Mitteilungen über die geistigen Lebensverhältnisse des Jenseits. Band I und II. Bietigheim 1955
Lubic, M. Erscheinungen der Gottesmutter in Medjugorje. Jestetten 1986
Lurker, M. Der Kreis als Symbol. Tübingen 1981
Lurker, M. Wörterbuch biblischer Bilder und Symbole. München ⁴1990
Lutz, W. Die Grundfragen des Lebens in der Schau des Offenbarungswerkes Jakob Lorbers. Bietigheim 1979
Mäckler, A. Anthroposophie und Malerei. Gespräche mit 17 Künstlern. Köln 1990
Mannhardt, W. Germanische Mythen. Berlin 1858
Markale J. Die Druiden. Gesellschaft und Götter der Kelten. München 1987, 1991
Matthews, J. (Hrsg.) Der Gralsweg. München 1989
Mechthild von Magdeburg Ich tanze, wenn du mich führst. Ein Höhepunkt deutscher Mystik. Freiburg 1988
Meister Eckhart Deutsche Predigten und Traktate. München ⁶1985
Miller, G./Legler, E./Keck, A. Maria. Vom Bodensee zum Taubergrund. Ostfildern bei Stuttgart 1989
Monroe, R. Der Mann mit den zwei Leben. Reisen außerhalb des Körpers. Interlaken 1981
Mulack, Ch. Maria. Die geheime Göttin im Christentum. (Symbole). Stuttgart 1985
Muzj, M. G. Ganz Auge, ganz Licht, ganz Geist. Einführung in die Betrachtung der Ikonen. Würzburg 1989
Neuhardt, G. Das Fenster als Symbol. Versuch einer Systematik der Aspekte. In: Reimbold, E. Th. (Hrsg.) S. 76–91
Neumann, E. Die große Mutter. Eine Phänomenologie der weiblichen Gestaltungen des Unbewußten. Zürich ⁹1989
Newhouse, F. Das Weihnachtsmysterium in geistiger Schau. Grafing bei München ³1987
Nigg, W. Heimliche Weisheit. Mystisches Leben in der evangelischen Christenheit. (Gekürzter Reprint der Originalausgabe von 1959). Zürich/München 1987
Novotny, A. Die prophetischen Bilder von Maria Magdalena. Wien 1981

Omer, M. Turner. Die Landschaften der Bibel. Bayreuth 1985
Onasch, K. (Hrsg.) Altrussische Heiligenleben. Wien 1978
Onasch, K. Kunst und Liturgie der Ostkirche in Stichworten unter Berücksichtigung der Alten Kirche. Wien/Köln/Graz 1981
Ott, G. Legende von den Lieben Heiligen Gottes. Regensburg 1861
Petri, H. (Hrsg.) Christsein und marianische Spiritualität. Mariologische Studien. Band VI. Regensburg 1984
Plank, P. Gottesgebärerin und Immerjungfrau. Altchristliche Quellen ostkirchlicher Marienverehrung. In: Petri, H. (Hrsg.) S. 59–76
Prokopp, M. Pietro und Ambrogio Lorenzetti. Berlin 1985
Pryse, J.M. Reinkarnation im Neuen Testament. Interlaken [5]1988
Ramm-Bonwitt, I. Mudras – Geheimsprache der Yogis. Freiburg [2]1988
Reimbold, E. Th. (Hrsg.) Symbolon. Jahrbuch für Symbolforschung. Neue Folge. Band 4. Köln 1978
Riedel, I. Bilder. In Therapie, Kunst und Religion. (Symbole). Stuttgart 1988
Riedel, I. Farben. In Religion, Gesellschaft, Kunst und Psychotherapie. (Symbole). Stuttgart 1983
Riedel, I. Formen. Kreis, Kreuz, Dreieck, Quadrat, Spirale. (Symbole). Stuttgart 1985
Rosenberg, A. Engel und Dämonen. Gestaltwandel eines Urbildes. München 1986
Rudloff, D. Kosmische Bildwelt der Romanik. Kirchendecke von Zillis. Stuttgart 1989
Rudnicki, K. Mariengeheimnisse. In: Christengemeinschaft. Heft 12. 1990
Ruusbroec, J. van Die Zierde der geistlichen Hochzeit. Einsiedeln 1987
Salzer, A. Die Sinnbilder und Beiworte Mariens in der deutschen Literatur und lateinischen Hymnenpoesie des Mittelalters. Linz 1893
Schäfer, G. (Hrsg.) Handbuch der Malerei. Trier 1855
Schaffer, Ch. Koimesis. Der Heimgang Mariens. Das Entschlafungsbild in seiner Abhängigkeit von Legende und Theologie. Regensburg 1985
Schipflinger, Th. Maria-Sophia. Eine ganzheitliche Vision der Schöpfung. München/Zürich 1988
Schmidt, H. und M. Die vergessene Bildersprache christlicher Kunst. München [4]1989
Schümer, D. Der Leopard verkörpert Gottesfurcht. Historische Landkarten. In: Frankfurter Allgemeine Zeitung, 9. Jan. 1991. S. 7
Schult, A. Maria Sophia. Das Ewig-Weibliche in Gott, Mensch und Kosmos. Bietigheim [2]1986
Schultze, J. Neunzehntes Jahrhundert. Reihe Kunst im Bild. Baden-Baden 1970. Köln 1987

Schuster, P.-K. »München leuchtete«. Die Erneuerung christlicher Kunst in München um 1900. In: Schuster, P.-K. (Hrsg.) S. 29–46
Schuster, P.-K. (Hrsg.) »München leuchtete«. Karl Caspar und die Erneuerung christlicher Kunst in München um 1900. Katalog zur Ausstellung der Bayrischen Staatsgemäldesammlungen. Staatsgalerie moderner Kunst. Im Haus der Kunst. München 8. Juni – 22. Juli 1984
Schwarzenau, P. Das göttliche Kind. Der Mythos vom Neubeginn. (Symbole). Stuttgart 1984
Schwarzenau, P. Das Kreuz. Die Geheimlehre Jesu. (Symbole). Stuttgart 1990
Sirota, I. Die Ikonographie der Gottesmutter in der Russischen Orthodoxen Kirche. Versuch einer Systematisierung. Würzburg 1992
Solé, J. Christliche Mythen. Von der Renaissance zur Aufklärung. Frankfurt/Berlin 1982
Sperber, H. Unsere liebe Frau. 800 Jahre Madonnenbild und Marienverehrung zwischen Lech und Salzach. Regensburg o. J.
Stadelbauer, F. Realien der Marienverehrung im profanen Bereich. In: Beinert, W./Petri, H. (Hrsg.) S. 927–954
Stamm, R. (Hrsg.) Die Kunstformen des Barockzeitalters. 14 Vorträge. Bern 1956
Stangl, M. Die Welt der Chakren. Praktische Übungen zur Seins-Erfahrung. Düsseldorf ^{9}1992
Starez Theopan Schule des Herzensgebetes. Salzburg 1985
Steffen, A. Am Kreuzweg des Schicksals. Gedichte. Dornach ^{2}1962
Steffen, A. Passiflora. Ein Requiem für Felicitas. Dornach 1939
Steffen, A. Reisen Hüben und Drüben. Erinnerungen. Dornach 1963
Steiner, R. Anweisungen für eine esoterische Schulung. Dornach ^{5}1979, Sonderausgabe 1987
Steiner, R. Metamorphosen des Seelenlebens. Dornach 1972
Steiner, R. Das Wesen der Farben. Drei Vorträge, Dornach 1921. Dornach ^{4}1991
Ströter-Bender, J. Engel. Ihre Stimme, ihr Duft, ihr Gewand und ihr Tanz. (Symbole). Stuttgart 1988
Ströter-Bender, J. Heilige. Begleiter in göttlichen Welten. (Symbole). Stuttgart 1990
Swedenborg, E. Himmel und Hölle nach Gehörtem und Gesehenem. Das christliche Totenbuch. Zürich 1977
Teichert, W. Gärten. (Symbole). Stuttgart 1986
Thomas von Kempen Von der Nachfolge Christi. Stuttgart 1965
Troutman, P. El Greco. Herrsching 1986

Tworuschka, U. Sucher, Pilger, Himmelsstürmer. (Symbole). Stuttgart 1991
Verlag Herder und J. Seibert (Hrsg.) Lexikon christlicher Symbole. Freiburg 1987
Vries, J. de Altgermanische Religionsgeschichte. Band 2: Die Götter. Vorstellungen über den Kosmos. Der Untergang des Heidentums. Berlin ³1970
Wallimann, S. Mit Engeln beten. Freiburg 1991
Warner, M. In weiblicher Gestalt. Die Verkörperung des Wahren, Guten und Schönen. Hamburg 1989
Warner, M. Geburt, Triumph, Niedergang, Rückkehr eines Mythos? München 1982
Wehr, G. Heilige Hochzeit. Symbol und Erfahrung menschlicher Reifung. München 1986
Weinreb, F. Aus der Kabbala: Gedanken über das Gewand. In: Die Wolke. Forum der Schweizer Akademie für Grundlagenstudien. Jahrg. 4, Heft 2. Zürich Juni 1983. S. 10–16
Weinreb, F. Buchstaben des Lebens. Das hebräische Alphabet. Nach jüdischer Überlieferung erzählt. Weiler im Allgäu 1990
Weinreb, F. Gedanken über Tod und Leben. Das ganze Leben. Bern 1980
Weinreb, F. GottMutter. Die weibliche Seite Gottes. Weiler im Allgäu 1990
Weinreb, F. Innenwelt des Wortes im Neuen Testament. Eine Deutung aus den Quellen des Judentums. Weiler im Allgäu 1988
Weinreb, F. Die jüdischen Wurzeln des Matthäus-Evangeliums. Band I. Weiler im Allgäu 1991
Weinreb, F. Die Legende von den beiden Bäumen. Alternatives Modell einer Autobiographie. Bern 1981
Weinreb, F. Leiblichkeit als Ausdruck des ewigen Menschen. Weiler im Allgäu 1987
Weinreb, F. Vom Geheimnis der mystischen Rose. Weiler im Allgäu 1983
Weinreb, F. Von den Tieren. In: Die Wolke. Forum der Schweizer Akademie für Grundlagenstudien. Zürich. SAG 24. Juni 1986. S. 23–26
Weinreb, F. Die Wurzeln der Kunst. In: Die Wolke. Forum der Schweizer Akademie für Grundlagenstudien. Zürich. SAG 24. Juni 1986. S. 16–22
Weis, A. Die Madonna Platytera. Entwurf für ein Christentum als Bildoffenbarung anhand der Geschichte eines Madonnenthemas. Königstein im Taunus 1985
Witzleben, E. von Die Segensgeste. Bedeutung und Verfall von der frühchristlichen Kunst bis zur Renaissance. In: Reimbold, E. Th.

(Hrsg.) Symbolon. Jahrbuch für Symbolforschung. Neue Folge. Band 1. Köln 1972. S. 139–166
Wittkemper, K. Marienverehrung und Herz-Jesu-Frömmigkeit. In: Petri, H. (Hrsg.) S. 177–204
Wöller, H. Sophia (Weisheit). Perspektiven zur Orientierung. In: Kassel, M. (Hrsg.) S. 45–58

Abbildungsnachweis

Farbabbildungen

Artothek, München 4, 8
Ikonen-Museum Recklinghausen 2
Kunstmuseum Solothurn 9
Wulf Ligges, Flaurling Titelbild
Musée d'Unterlinden, Colmar 7
Museo del Prado, Madrid 5, 6
Národní Galerie, Prag 1
Klaus J. Prior, Wiesbaden 11
Russisches Museum, St. Petersburg 12
Scala, Florenz 10 (Ausschnitt aus 10: Umschlagrückseite)
Albert Steffen-Stiftung, Dornach 13
Steiermärkisches Landesmuseum Joanneum, Graz 3

Schwarzweißabbildungen

Alinari, Florenz 1, 12, 18, 23, 47, 59
Winfried Aßfalg, Riedlingen 48
Wilfried Bahnmüller, Gelting 25
Bayerische Staatsbibliothek, München 40
Bayerische Staatsgemäldesammlungen (Alte Pinakothek), München 13
Bildarchiv Foto Marburg 15, 67
aus: Benz, E. Russische Heiligenlegenden. Zürich 1953 11
By Permission of Birmingham City Museums & Art Gallery 35
Osvaldo Böhm, Venedig 19

Byzantinisches Museum, Athen 31
Catolica Unio/Verlagsbuchhandlung ›Der Christliche Osten‹, Würzburg 65
Christiana-Verlag, Stein am Rhein 68
Erzabtei St. Martin Beuron 8
Ikonen-Museum Recklinghausen 29, 61, 66
Jakobuskirche (Armenisches Patriarchat), Jerusalem 44, 51
aus: Lange, R. Das Marienbild der frühen Jahrhunderte. Recklinghausen 1969 24 (S. 14), 63 (S. 41)
aus: Lexikon der Marienkunde. Band 1. Regensburg 1967 22 (S. 260)
LUWI, München 49
St. Marien, Kevelaer 10
The Metropolitan Museum of Art, New York 14 (Wilbour Memorial Fund 1959), 57 (The Friedsam Collection)
Metropolitan- und Pfarrkirchenstiftung z. U. Lb. Frau, München 33, 52
Musée du Petit Palais, Avignon Frontispiz
Museo del Prado, Madrid 17
Museum für Kunst und Geschichte, Freiburg (Schweiz) 36
Museum of Fine Arts, Boston 28 (Gift of Mr. and Mrs. Henry Lee Higginson, Courtesy)
National Gallery of Art, Washington D. C. 39, 60
Österreichische Nationalbibliothek, Wien 5, 58
Mit freundlicher Genehmigung der *peka*-Verlags-GmbH, Weßling 34
Klaus J. Prior, Wiesbaden 34
RAMBOW RAMBOW VAN DE SAND, Frankfurt/M. 50
Rheinisches Bildarchiv, Köln 32, 37
Alfons Rudolph, Aichwald 42, 64
Russisches Museum, St. Petersburg 38
Sächsische Landesbibliothek, Abt. Deutsche Fotothek, Dresden 20 (Würker)
Karl Hugo Schmolz, Köln 2
Staatliche Kunsthalle Karlsruhe 30
Staatliche Kunstsammlungen Dresden (Gemäldegalerie Alte Meister) 4 (Pfauder)
Staatliche Museen Preußischer Kulturbesitz, Berlin 43 (Anders)
Stedelijke Musea Brügge 41 (Groeningemuseum), 62 (Memlingmuseum)
Stiftsmuseum Klosterneuburg 56
Jutta Ströter-Bender, Wiesbaden 16
Suermondt-Ludwig-Museum, Aachen 26 (Sammlung Ludwig)
By Courtesy of the Board of Directors of the Museum of Fine Arts (Szépmüvészeti Múzeum), Budapest 21

By Courtesy of the Trustees of The Victoria and Albert Museum, London 7
Wittelsbacher Ausgleichsfonds, München 6

Alle übrigen Abbildungen stammen aus den Archiven der Autorin oder des Verlags.

Personenregister

Orts- und Sachregister

DuMont Taschenbücher

Stand Frühjahr '92

Band 2
Horst W. und Dora Jane Janson
Malerei unserer Welt

Band 3
August Macke – Die Tunisreise

Band 4 Uwe M. Schneede
René Magritte

Band 6 Karin Thomas
DuMont's kleines Sachwörterbuch zur Kunst des 20. Jahrhunderts

Band 8 Christian Geelhaar
Paul Klee

Band 13 Joseph-Émile Muller
DuMont's kleines Lexikon des Expressionismus

Band 14 Jens Christian Jensen
Caspar David Friedrich

Band 15 Heijo Klein
DuMont's kleines Sachwörterbuch der Drucktechnik und grafischen Kunst

Band 18 Horst Richter
Geschichte der Malerei im 20. Jahrhundert

Band 23 Horst Keller
Marc Chagall

Band 25 Gabriele Sterner
Jugendstil

Band 26 Jens Christian Jensen
Carl Spitzweg

Band 28 Hans Holländer
Hieronymus Bosch

Band 30
Johannes Pawlik (Hrsg.)
Malen lernen

Band 31 Jean Selz
DuMont's kleines Lexikon des Impressionismus

Band 32 Uwe M. Schneede
George Grosz

Band 33 Erwin Panofsky
Sinn und Deutung in der bildenden Kunst

Band 35 Evert van Uitert
Vincent van Gogh

Band 37 Bob Haak
Rembrandt

Band 38 Ingeborg Tetzlaff
Romanische Kapitelle in Frankreich

Band 39 Joost Elffers (Hrsg.)
DuMont's Kopfzerbrecher
TANGRAM

Band 40 Walter Pach
Pierre Auguste Renoir

Band 44 Fritz Baumgart
DuMont's kleines Sachlexikon der Architektur

Band 47 Paul Vogt
Der Blaue Reiter

Band 59 Hugo Munsterberg
Zen-Kunst

Band 65 Harald Küppers
Das Grundgesetz der Farbenlehre

Band 66 Sam Loyd/
Martin Gardner (Hrsg.)
Mathematische Rätsel und Spiele

Band 69 Erich Burger
Norwegische Stabkirchen

Band 70 Ernst H. Gombrich
Kunst und Fortschritt

Band 71 José Pierre
DuMont's kleines Lexikon der Pop Art

Band 73 Gabriele Sterner
Barcelona: Antoni Gaudi

Band 74 Eckart Kleßmann
Die deutsche Romantik

Band 77 Wolfgang Hainke
Siebdruck

Band 78 Wilhelm Rüdiger
Die gotische Kathedrale

Band 83
Ekkehard Kaemmerling (Hrsg.)
Bildende Kunst als Zeichensystem

Band 84 Hermann Leber
Plastisches Gestalten

Band 85
Sam Loyd/Martin Gardner (Hrsg.)
Noch mehr mathematische Rätsel und Spiele

Band 88 Thomas Walters (Hrsg.) /
Gabriele Sterner
Jugendstil-Graphik

Band 90 Ernesto Grassi
Die Theorie des Schönen in der Antike

Band 91 Hermann Leber
Aquarellieren lernen

Band 93
Joost Elffers / Michael Schuyt
Das Hexenspiel

Band 95 Karl Hennig
Japanische Gartenkunst

Band 99 Bernd Fischer
Wasserburgen im Münsterland

Band 101 Felix Freier
Fotografieren lernen – Sehen lernen

Band 103 Kurt Badt
Die Farbenlehre van Goghs

Band 112 Alexander Adrion
Die Kunst zu zaubern

Band 114 Peter-T. Schulz
Der Kuckuck und der Esel

Band 115 Angelika Hofmann
Ton

Band 117 Rosario Assunto
Die Theorie des Schönen im Mittelalter

Band 123 Fritz Winzer
DuMont's Lexikon der Möbelkunde

Band 124 Walter Dohmen
Die Lithographie

Band 127 Peter-T. Schulz
Rapunzel

Band 128 Lu Bro
Wie lerne ich Zeichnen

Band 130 Bettina Gruber/Maria Vedder
DuMont's Handbuch der Video-Praxis

Band 131
Anneliese und Peter Keilhauer
Die Bildsprache des Hinduismus

Band 133
Barbara Salberg-Steinhardt
Die Schrift:
Geschichte – Gestaltung – Anwendung

Band 135 Karlheinz Schüssler
Die ägyptischen Pyramiden

Band 137 Nikolaus Pevsner
Wegbereiter moderner Formgebung

Band 139 Peter-T. Schulz
Guten Tag! Eine Gulliver-Geschichte

Band 142 Rudolf Wittkower
Allegorie und der Wandel der Symbole in Antike und Renaissance

Band 143 Martin Warnke (Hrsg.)
Politische Architektur

Band 144 Miriam Magall
Kleine Geschichte der jüdischen Kunst

Band 145 James F. Fixx
Rätsel und Denkspiele mit Seitensprung

Band 146
Rose-Marie und Rainer Hagen
Meisterwerke europäischer Kunst
als Dokumente ihrer Zeit erklärt

Band 148 Renée Violet
Kleine Geschichte der japanischen Kunst

Band 149 Lawrence Treat
Detektive auf dem Glatteis

Band 150
Alexandra Lavizzari-Raeuber
Thangkas

Band 156 Herbert Alexander Stützer
Kleine Geschichte der römischen Kunst

Band 157 Paul Maenz
Die 50er Jahre

Band 159 Anita Rolf
Kleine Geschichte der chinesischen Kunst

Band 160 Felix Freier / Norbert Sarrazin
Fotos: Selbst entwickeln – Selbst vergrößern

Band 163 Harald Küppers
Die Farbenlehre der Fernseh-, Foto- und Drucktechnik

Band 164 Nora Gallagher
Wohnzimmerspiele – alt und neu

Band 167 Eckhard Neumann (Hrsg.)
Bauhaus und Bauhäusler

Band 170 Hans Sedlmayr
Die Revolution der modernen Kunst

Band 171 Ernst H. Gombrich
Eine kurze Weltgeschichte für junge Leser

Band 173 Eve-Marie Helm
555 Teekessel

Band 174 Abbie Salny / Marvin Grosswirth
Phantastische Mensa-Rätsel

Band 177 Vittorio Lampugnani
Architektur als Kultur

Band 178 Michael Koulen **Go**

Band 182 Martin Schuster
Kunsttherapie

Band 184 Wilfried Hansmann
Balthasar Neumann

Band 185 Manfred Görgens
Kleine Geschichte der indischen Kunst

Band 190 Peter Bolz / Bernd Peyer
Indianische Kunst Nordamerikas

Band 191 Abbie Salny/Marvin Grosswirth
Das endgültige Mensa-Quiz-Buch

Band 193 Gerald Kahan **$E = mc^2$**

Band 194 Bernhard Streck (Hrsg.)
Wörterbuch der Ethnologie

Band 195 Wolfgang Hautumm
Die griechische Skulptur

Band 197 Andreas Mäckler (Hrsg.)
Was ist Kunst . . . ?

Band 200 Peter-T. Schulz
Ein Glück!

Band 201 Ernst Kitzinger
Kleine Geschichte der frühmittelalterlichen Kunst

Band 203 Wolfgang Müller
Kleine Geschichte der altamerikanischen Kunst

Band 205 Joachim Knuf
Unsere Welt der Farben

Band 206 Peter Sager
Unterwegs zu Künstlern und Bildern

Band 211 Marion Milner
Zeichnen und Malen ohne Scheu: Ein Weg zur kreativen Befreiung

Band 212 Toshihiko und Toyo Izutsu
Die Theorie des Schönen in Japan

Band 213 Scot Morris
Rätsel für Denker und Tüftler

Band 214 Karlheinz Schüssler
Kleine Geschichte der ägyptischen Kunst

Band 218 Joachim Petsch
Eigenheim und gute Stube

Band 219 Till Förster
Kunst in Afrika

Band 220 H. A. Ripley
»Wer ist der beste Detektiv?«

Band 221 Johannes Stahl
An der Wand

Band 222 Herbert Alexander Stützer
Ravenna und seine Mosaiken

Band 223 Rolf Harris
Cartoon-Zeichnen leicht gemacht

Band 224 Jochen Maes
Fahrradsucht

Band 225 Erwin Panofsky
Gotische Architektur und Scholastik

Band 226 Richard Kostelanetz
John Cage im Gespräch

Band 227 Oskar Bätschmann
Entfernung der Natur

Band 228 Otto J. Brendel
Was ist römische Kunst?

Band 230 Kasimir Malewitsch
Suprematismus – die gegenstandslose Welt

Band 231 Andreas Mäckler/ Christiane Schäfers (Hrsg.)
Was ist der Mensch . . . ?

Band 232 Martin Kuckenburg
Die Entstehung von Sprache und Schrift

Band 233 Peter-T. Schulz
Erleben ist alles

Band 234 Gerhard Kebbel
DuMont's verblüffendes Fremdwörterbuch

Band 235 Hans-Thomas Gosciniak (Hrsg.)
Kleine Geschichte der islamischen Kunst

Band 236 Klaus Eid / Hakon Ruprecht
Collage und Collagieren

Band 237 Andreas Verstappen
Waechters Erzählungen

Band 238 Michael Jäger
Die Theorie des Schönen in der Italienischen Renaissance

Band 239 William C. Seitz
Claude Monet

Band 240 Cristina Perincioli/
Cillie Rentmeister
Computer und Kreativität

Band 241 Internationales Design Zentrum
Berlin (Hrsg.) **Energien gestalten**

Band 242 Dan Ritchard/
Kathleen Moloney
Die Kunst des Bauchredens

Band 243 Michael Holt **3 × 3 = 9?**

Band 244 Felix Thürlemann
Vom Bild zum Raum

Band 245 Ralph Tegtmeier
Sternenglaube – Sternenzauber

Band 246 Günter Spitzing **Athos**

Band 247
Esther und Klaus Gallwitz (Hrsg.)
Rußlandbilder

Band 248 Kai-Uwe Hemken
El Lissitzky

Band 249 Andreas Franzke **Dubuffet**

Band 250 Evi Melas **Delphi**

Band 251 Ulrich Vielmuth
Lexikon für Videofilmer

Band 252 Andreas Mäckler
Anthroposophie und Malerei

Band 253 Marco Meirovitz/Paul I. Jacobs
Visuelles Denken

Band 254 Christian W. Thomsen (Hrsg.)
Aufbruch in die Neunziger

Band 255 Franziska Ehmcke
Der japanische Tee-Weg

Band 256 Johann N. Schmidt
Wolken-Kratzer

Band 257
Edith Decker/Peter Weibel (Hrsg.)
Vom Verschwinden der Ferne

Band 258 Friedhelm W. Fischer
Max Beckmann

Band 259 Winfried Hönes
Was ist Glück ...?

Band 260 Walter Kugler
Rudolf Steiner und die Anthroposophie

Band 261 Herbert Alexander Stützer
Frühchristliche Kunst in Rom

Band 262 Horst Gatermann
Die Osterinsel

Band 263 Hajo Düchting **Franz Marc**

Band 264 Joachim Heusinger von Waldegg
James Ensor

Band 265 Jutta Ströter-Bender
Zeitgenössische Kunst der ›Dritten Welt‹

Band 266 Wolfgang Walenski
Der Offsetdruck

Band 267 Christa Murken-Altrogge
Paula Modersohn-Becker

Band 268 George Michell
Der Hindu-Tempel

Band 269 Klaus Urbons **Copy Art**

Band 270 Hans Gekeler
Taschenbuch der Farbe

Band 271 Gustav Vriesen
Robert Delaunay

Band 272 Burchard Brentjes
Die Kunst der Mauren

Band 273 Hermann Bauer/ Hans Sedlmayr
Rokoko

Band 274 Harald Küppers
Schule der Farben

Band 275 Hans Christian Kirsch (Hrsg.)
William Morris
Wie wir leben und wie wir leben könnten

Band 276 Russel Page
Ich schuf Gärten in aller Welt

Band 277 Margery Fish
Blumen für jeden Tag

Band 278 Martin Schuster
Wodurch Bilder wirken

Band 279 Peter Gendolla
Zeit – Zur Geschichte der Zeiterfahrung

Band 280 Eva Howarth
DuMont's Schnellkurs ›Kunstgeschichte‹

Band 281 Eva Howarth
DuMont's Schnellkurs ›Architektur‹

Band 282 Jutta Ströter-Bender
Die Muttergottes

Band 283 Dieter Daniels
Duchamp und die anderen